STORY**BOOK**

Der SCHREIB**BUDDY** für angehende Autor:innen.

Kombiniere deine Kreativität mit bewährter Erzählstruktur und künstlicher Intelligenz.

SABRINA JORDAK

STORY BOOK

TEIL 1

Der SCHREIB**BUDDY** für angehende Autor:innen

Mit vielen Beispiel-Prompts

Kombiniere deine Kreativität mit bewährter Erzählstruktur und **künstlicher Intelligenz.**

powered by

storify.ing

Lektorat Katharina Kopecky
Grafik Ulli Györgyfalvay
Fotografie Vera Greiner

Verlag BoD · Books on Demand GmbH, Überseering 33, 22297 Hamburg
Druck Libri Plureos GmbH, Friedensallee 273, 22763 Hamburg

ISBN: 978-3-7693-5747-9

1. Auflage 2025

» In jedem von uns steckt ein oder eine geborene:r Story-**teller:in**, der:die nur darauf wartet, endlich freigelassen zu werden.

Sabrina Jordak

Inhalts**verzeichnis**

00

EINFÜHRUNG IN DAS STORY**BOOK**

Dein STORY**BOOK** Versprechen

Ich, _____ **, schwöre feierlich:**

Mit Leidenschaft und Entschlossenheit trete ich nun meine Reise als Autor:in an. Mein Stift wird tanzen, leicht wie eine Feder im Wind; meine Tastatur wird das Echo meiner unaufhaltsamen Gedanken sein.
Ich werde Welten erschaffen, die faszinieren und Charaktere zum Leben erwecken, die Spuren hinterlassen. Mein Werkzeug sind Worte, meine Mission das Erzählen von Geschichten, die berühren, inspirieren und im Gedächtnis bleiben.

Ich verspreche, Charaktere zu erschaffen, die authentisch und vielschichtig sind – mit Kämpfen, die berühren und Triumphen, die inspirieren. Meine Plots werden wie funkelnde Diamanten sein: klar, facettenreich und voller Überraschungen.

Mit tiefem Respekt nähere ich mich der Kunst des Storytellings. Doch gleichzeitig bin ich mutig genug, neue Wege zu beschreiten und die Grenzen des Bekannten auszuloten.

Die Revolution des Geschichtenerzählens beginnt hier und jetzt:

Am [Datum] _____ erwecke ich meine Vision zum Leben.

Mit Herz und Hingabe setze ich meine Unterschrift
unter dieses Versprechen:

Bereit?
Dann lass uns das Abenteuer nun wagen!

KLEINE NACH**RICHT** FÜR DICH

Der Startschuss für dein erstes Buchprojekt ist gefallen. Dein Herz pocht vor Vorfreude, die ersten Ideen sprudeln nur so aus dir heraus und vor deinem inneren Auge siehst du bereits deinen Namen auf dem Cover eines Buches, das stolz als „Durchstarter:in des Jahres" präsentiert wird. Dieses Kribbeln, diese Mischung aus Aufregung und Hoffnung kenne ich nur zu gut. Und weißt du was? Du bist auf dem besten Weg. Der erste entscheidende Schritt ist nämlich schon getan - mit deinem STORY**BOOK**-Versprechen hast du dich deinem Herzensprojekt verpflichtet. Jetzt gibt es eigentlich nur eines zu tun:

Liebe:r Story**teller:in!**

Lass es die ganze Welt wissen!

Na gut, vielleicht beginnst du erst einmal mit deinem engsten Kreis: deinen Eltern, Geschwistern, deinem oder deiner Partner:in, Kindern, Nachbar:innen – ja, sogar mit deinem Hund, wenn er dir nahesteht. Aber bevor du deine frohe Botschaft verkündest, nimm dir noch einen kleinen Moment Zeit, um über folgendes nachzudenken: Welche tieferliegende Botschaft möchtest du mit deinem Buch vermitteln? Was treibt dich an?

Denn diese Fragen werden dir bestimmt gestellt – und sie sind essenziell für deinen Weg.

Schreibe deine allerersten Gedanken gleich in die Kritzelbox.

Oft entstehen nämlich aus den winzigsten Kritzeleien die größten Ideen.

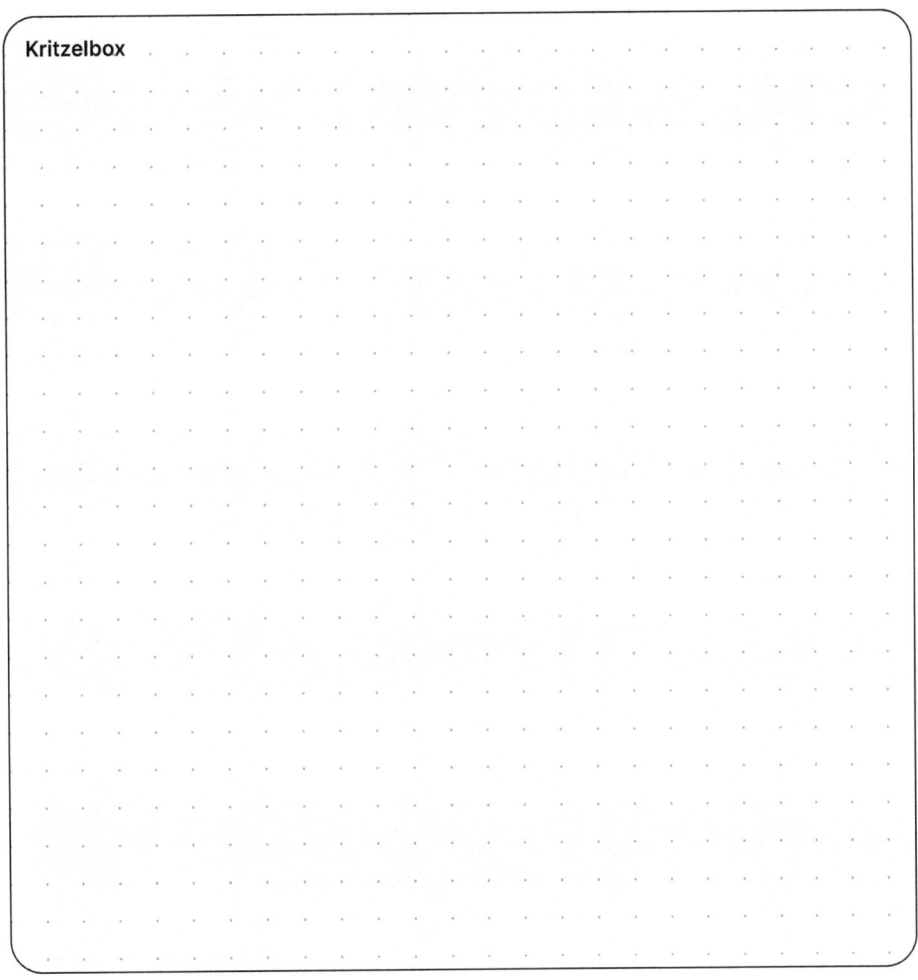

Kritzelbox

Fertig? Trommle deine Unterstützer:innen zusammen, denn das Schreiben eines Buches ist ein Abenteuer, das man am besten gemeinsam erlebt – was gibt es auch Schöneres, als später mit deinen Liebsten auf dein vollendetes Werk anzustoßen?

Also dann, auf geht's.
Happy storify.ing!

Deine Sabrina

DAS STORY**BOOK** IN A NUTSHELL

Es war, als würde ein Blitz einschlagen, denn plötzlich wusste ich: Die Zeit war gekommen, diese verrückte Story, die mich schon so lange beschäftigte, endlich aufzuschreiben.

Euphorie durchströmte mich – zumindest für einen Moment, denn dann tauchte die große Frage auf: *„Wie schreibt man eigentlich ein Buch?"* Der Gedanke an die schiere Flut von Informationen und die vielen Fähigkeiten, die es zu erlernen oder zu perfektionieren galt, wirkte auf einmal sehr einschüchternd. Aber keine Sorge, du hast jetzt einen unterstützenden Helfer:

Das STORY**BOOK** Teil 1 nimmt dir diese Überforderung ab und macht den Weg frei für deine kreative Vision. Wie ein persönlicher Schreibkompass führt es dich in 7 Kapiteln durch Mindset-Themen und dem Planungsprozess – mit praktischen Übungen und leicht verständlichen Tipps, die dir zeigen, wie du ChatGPT & Co. optimal für dein Projekt nutzt.

Das STORYBOOK ist geeignet für:
- ✓ Kreative Köpfe, die den Traum haben, ihren ersten Roman zu schreiben, aber nicht wissen, wo sie anfangen sollen.
- ✓ Teilzeit-Autor:innen, die ihre Schreibpassion neben einem Vollzeitjob ausleben wollen und eine strukturierte Vorgehensweise brauchen, um beides zu balancieren.
- ✓ Erfahrungsverarbeiter:innen, die das Schreiben nutzen möchten, um persönliche Erlebnisse in einem Buch zu reflektieren.

Es ist nicht geeignet für:
- ✗ Gedichteschreiber:innen, die sich vor allem auf Lyrik und kürzere Formate konzentrieren.
- ✗ Personen, die nach einer Anleitung für journalistisches Schreiben oder Sachbücher suchen.

· ·

HINWEIS

Dieser Guide ermutigt dich, strukturiert mit dem Schreiben zu beginnen, ist jedoch kein Ersatz für professionelle psychologische Hilfe.

· ·

Folgende Werkzeuge findest du darin:

○ Planungstools: Ideensammlung, Zielgruppendefinition, Charakterbogen, Plotting-Vorlagen, und vieles mehr

○ Kreativitätstechniken: Brainstorming-Übungen, Schreibimpulse, Wortschatzübungen

○ Schreibhandwerk: Tipps zu Stil, Spannungsaufbau

○ Motivationsbooster: Affirmationen, Visualisierungstechniken

○ Bonusmaterial: Online-Vorlagen, Checklisten, Mindmaps – zum Download erhältlich

Was das STORY**BOOK** **nicht ist:**

✕ Es ist kein starrer Regelkatalog, sondern vielmehr als Inspirationsquelle gedacht, die es dir ermöglicht, deinen ganz persönlichen Weg im Schreibprozess zu finden und diesen an deinen einzigartigen Stil sowie deine spezifischen Bedürfnisse anzupassen.

✕ Das Verfassen eines Buches ist ein Marathon, kein Sprint, daher ist das STORY**BOOK** auch keine Abkürzung zum Erfolg. Es erfordert dein vollständiges Engagement und die Bereitschaft, dich auf eine intensive kreative Reise einzulassen.

✕ Während das STORY**BOOK** dir wertvolle Werkzeuge und Anleitungen an die Hand gibt, hängt der wahre Erfolg deines Schreibprojekts von deiner eigenen Leidenschaft, Disziplin und Bereitschaft ab, in deine Fähigkeiten zu investieren. Es ist daher kein Garant für den unmittelbaren Erfolg.

Bevor du dich auf das Abenteuer mit dem STORY**BOOK** **einlässt, gibt es noch ein paar wichtige Vorbereitungen, die du treffen kannst:**

○ Schaffe dir deinen idealen Schreibplatz. Wo kannst du ungestört das STORY**BOOK** durcharbeiten und mit deinem Buchprojekt starten? Welche Arbeitsmaterialien brauchst du dafür? Denke auch an Wohlfühlelemente, wie eine Duftkerze, Glücksbringer oder Musik, die dich inspiriert. Gesunde Snacks und ausreichend Wasser, sollten ebenfalls griffbereit sein.

○ Lege dir ein Notizbuch an, um alle deine Gedanken und spontanen Einfälle gleich festzuhalten, während du das STORY**BOOK** durcharbeitest. Alternativ kannst du sie natürlich auch digital abspeichern, beispielsweise in der „Notizen" App von Apple oder in „Google Notizen" auf deinem Android Smartphone.

○ Erstelle einen speziellen Ordner auf deinem Laptop oder Computer, um beispielsweise meine Vorlagen und deine Notizen übersichtlich zu speichern. So findest du alles schnell wieder, wenn du es brauchst.

Viel Spaß!

ONLINE-VORLAGEN

🌐 https://storify.ing/storybook

🔒 Passwort: Storybook.1719

STORYCOACH-NOTIZ

Ich empfehle dir, eine für dich passende tägliche Routine zu entwickeln, damit du in deinen Schreibflow kommst. Im nächsten Kapitel kannst du mithilfe einiger Fragen deinen idealen Schreibtag zusammenstellen.

Deine Sabrina

DER SCHREIB-PROZESS IM ÜBERBLICK

Bevor du die ersten Worte deines Romans nieder-schreibst, solltest du dir bewusst machen, auf welche Reise du dich einlässt. Der Schreibprozess ist nämlich weit mehr als das bloße Aneinander-reihen von Worten; es ist wie eine Expedition in unbekannte Gebiete deiner Kreativität – eine Herausforderung, die Mut, Hingabe und vor allem Ausdauer verlangt. Doch mit einer klaren Vor-stellung wirst du den Weg meistern.

SCHRITT FÜR SCHRITT ZUM ERFOLG

Hier ist eine mögliche Route, die dich sicher durch den Schreibprozess führt:

01 | 02 | 03 | 04 | 05

Basis
- Mindset
- Motivation
- Inspiration
- Commitment
- Das „Warum"
- Ideale Schreib-umgebung

Ideenfindung
- Braindump
- Ideensprints
- Ideen sortieren
- Drei Kernthesen
- Prämisse
- Designing Principle

Planung
- Ziel/Zielgruppe
- Themenfindung und -eingrenzung
- USP
- Recherche
- 1. Überlegungen zu Charakter/ Setting/Plot/
- Timeline
- Budget

Charaktere
- Archetypen
- Charakterprofil
- Charakternetz
- Visualisierung

Outline
- Plotter & Pantser
- Aufbau
- Grobe Struktur erstellen
- Gestaltung

Dein Weg zum **ersten Buch** ◄

06 | 07 | 08 | 09 | 10

Plot
- Plotting Methoden (Drei-Akt-Struktur)

Setting
- Allgemeine Informationen
- Sinnes-beschreibungen
- Szenenspezifische Informationen
- Unbekannte Welten erschaffen

Schreiben
- Schreibstrategien
- Erzählperspektive
- Zeitformen
- Schreibstimme
- Der erste Satz

Edit
- Die drei Runden der Überarbeitung
- Techniken zur Selbstüberarbeitung
- Beta-Leser:innen
- Lektorat
- Umgang mit Feedback

Exposé
- Anschreiben
- Klapptext
- Charaktere
- Storybeschreibung
- Autor:innenvita
- Leseprobe

DIE BASIS

Mindset, Motivation und Inspiration.
Dein Schreibprojekt ruht auf einigen grundlegenden Säulen, die alles zusammenhalten. Beginnen wir mit dem Mindset: Die richtige Einstellung zum Schreiben ist das A und O. Es geht darum, dich selbst auf Erfolg einzustimmen, deine innere Motivation zu entdecken und Inspiration zu sammeln.

Mit deiner Unterschrift unter das STORY**BOOK**-Versprechen hast du dich bereits deinem Projekt verpflichtet. Dieses starke Engagement für dein Vorhaben ist entscheidend, um von der Idee zur Umsetzung zu kommen.

Wenn du noch zusätzlich klare Ziele definierst und deine Zielgruppe genau verstehst, schaffst du eine solide Basis, die dich durch den gesamten Schreibprozess tragen wird.

HINWEIS
Dieser erste Teil des STORY**BOOK**s konzentriert sich auf die ersten zwei Phasen „**Basis**" und „**Planung**".

DIE PLANUNG

Der Weg von der ersten Idee bis zum fertigen Konzept.
Die Reise zu deinem ersten Buch beginnt immer mit einem leeren Blatt – der ultimativen Leinwand für deine Kreativität. Der erste Schritt ist die Ideenfindung, ein Prozess, der von spontanen Geistesblitzen bis zur systematischen Themenfindung und -eingrenzung reicht. Eine gründliche Recherche und das Sammeln von Material bilden das Fundament deiner Story, auf dem du deine Kernthesen formulieren kannst.

Die Entwicklung der Charaktere, die Erstellung einer Outline und des Plots sind entscheidend, um deinen Figuren Tiefe zu verleihen und den Rahmen der Handlung zu gestalten.

DAS SCHREIBEN

Vom ersten Entwurf bis zur finalen Fassung.
Das Schreiben startet mit dem Rohtext deines Erstentwurfs. Dabei ist es wichtig, eventuelle Schreibblockaden zu überwinden und deine Kreativität zunächst frei fließen zu lassen. Merke dir: Der erste Entwurf ist immer für einen selbst. Erst im nächsten Schritt wirst du deinen Text strukturieren und überarbeiten, wobei du den sprachlichen Stil schärfst und auch den Inhalt verfeinerst.

Mit dem Feedback von Beta-Leser:innen und dem Lektorat bekommt dein Werk den nötigen Feinschliff. Abschließend machst du es mit Korrekturlesen, Formatierung und dem Sichern des Urheberrechts bereit für die Veröffentlichung. Jede dieser Phasen bringt dich deinem Ziel ein Stück näher: dein eigenes Buch in den Händen zu halten.

DIE VERÖFFENTLICHUNG

Der letzte Schritt zur Buchveröffentlichung.
Jetzt, wo dein Manuskript fertig ist, stehst du vor der nächsten Entscheidung: Verlagssuche oder Self-Publishing? Wenn du dich für Self-Publishing entscheidest, musst du dein Buch an verschiedene Lesemedien anpassen – ob eBook, gedrucktes Buch oder Hörbuch, jede Version erfordert spezifische Änderungen.

Vergiss dabei nicht, rechtliche Aspekte wie Urheberrecht zu klären und eine ISBN zu beantragen.

Und schließlich:
Genieße den Moment der Veröffentlichung! Eine Party oder ein schönes Abendessen ist eine großartige Möglichkeit, diesen Meilenstein gemeinsam mit Freund:innen, Familie und Unterstützer:innen zu feiern!

STORYCOACH-NOTIZ
Lass dich nicht vom Umfang des gesamten Schreib- und Veröffentlichungsprozesses entmutigen. Denk daran, dass jede große Reise mit einem ersten Schritt beginnt. Zerlege deine Ziele in kleine, machbare Aufgaben und zelebriere jeden noch so kleinen Fortschritt. Vertraue auf deine Fähigkeiten und denk daran, dass du nicht allein bist. Nutze die vielen verfügbaren Ressourcen in diesem Buch und suche Unterstützung, wann immer du sie brauchst. Deine Story verdient es, erzählt zu werden. Du schaffst das!

Deine Sabrina

KÜNSTLICHE INTELLIGENZ IM SCHREIB- PROZESS

„ChatGPT schreibe mir bitte ein Buch!" Nein, nein, so einfach ist das dann auch wieder nicht. Selbst wenn es verlockend klingt, ist es doch höchst unwahrscheinlich, dass Künstliche Intelligenz (KI) auf Knopfdruck den nächsten Spiegel-Bestseller hervorzaubert.

Abgesehen davon: Stell dir vor, du liest einen Roman, der gänzlich von einer KI verfasst wurde. Wenn es dir ähnlich wie mir geht, wird es ein eher befremdliches Gefühl auslösen, denn zweifellos bevorzuge ich eine Story, die von einem „echten" Menschen erzählt wurde und nicht von einem Algorithmus.

Wir Menschen sind seit über 30.000 Jahren Storyteller:innen, die sich um Lagerfeuer versammelten und eigene Erlebnisse oder frei erfundene Stories miteinander teilten (National Geographic Society, 2023). Genau diese Erzählungen, die von Generation zu Generation weitergetragen wurden, formten unsere Kulturen und Traditionen und machten uns zu dem, was wir heute sind.

Trotzdem bin ich davon überzeugt, dass KI den kreativen Prozess von Autor:innen bereichern kann. Doch bevor wir in die Möglichkeiten eintauchen, sollten wir uns zunächst einen Überblick über die Grundlagen der KI verschaffen und die Tools erkunden, die uns zur Verfügung stehen: KI, als Plattformen wie ChatGPT von OpenAI oder Claude von Anthropic, haben das Potenzial die Art und Weise wie wir arbeiten, komplett zu verändern. Diese Technologie ist nicht einfach nur „intelligent", sie kann Sprache verstehen, Muster erkennen, aus Erfahrungen lernen oder sogar Entscheidungen treffen – all das, ohne, dass wir Menschen jeden Schritt genau vorgeben müssen. Diese KI-Tools basieren auf hoch entwickelten Algorithmen für natürliche Sprachverarbeitung und maschinellem Lernen. Das ermöglicht den Programmen, auf eine unglaubliche Vielfalt von Anfragen zu reagieren, egal ob es um kreatives Schreiben oder analytische Aufgaben geht. Kurz gesagt: Diese Technologien können unsere Arbeitsweise nicht nur unterstützen, sondern auf eine ganz neue Ebene heben.

Im Schreibprozess kann KI vor allem in der Planungsphase sehr wertvoll sein, indem sie **kreative Denkanstöße** und alternative Ansätze vorschlägt. Während der **Recherche** zeigt sich ihre Stärke darin, in kürzester Zeit eine Fülle von Informationen zu durchforsten und zu sortieren – eine Arbeit, die sonst Tage oder sogar Wochen in Anspruch nehmen könnte. Auch beim **Strukturieren** des Manuskripts bietet sie Werkzeuge, die helfen, eine Handlung schlüssig und kohärent zu gestalten. Selbst während des Schreibens kann KI nützlich sein, etwa durch Formulierungsvorschläge oder stilistische Alternativen, die den Text verfeinern. Wenn es dann schließlich um die **Überarbeitung** geht, leistet sie ebenfalls gute Dienste, indem sie auf Unstimmigkeiten hinweist oder Vorschläge für sprachliche Anpassungen macht.

ChatGPT, schreibe mir bitte ein Buch!

Das Thema KI in kreativen Prozessen ist nicht unumstritten. Als aufstrebende Technologie greift sie tief in unser tägliches Leben und unsere Arbeitsweise ein, was zwangsläufig zu spürbaren Veränderungen führt – und ebenso verständlicherweise zu einem gewissen Unbehagen. Ähnlichen Widerstand haben wir bereits bei der Einführung des Internets und Social Media erlebt. Die anfängliche Skepsis gegenüber Themen wie Datenschutz, Informationsflut und den sozialen Folgen begleitete diese Entwicklungen. Trotzdem sind sie heute zu unverzichtbaren Bestandteilen unseres Alltags geworden und haben unsere Informationsbeschaffung, Kommunikations- und Arbeitsweise revolutioniert. **Expert:innen sind sich auch hier einig:** KI ist mehr als nur ein vorübergehender Trend und wird zweifellos langfristige Auswirkungen auf zahlreiche Aspekte unserer Gesellschaft haben (World Economic Forum, 2024).

Es liegt nun an uns, die zahlreichen Anwendungsfälle zu erkunden und die **Rahmenbedingungen zu definieren.** Wenn wir nichts tun, wird sich die Technologie ohne unser Zutun weiterentwickeln. Deshalb ist es wichtig, dass wir als Autor:innen die kreative Führung behalten und KI sinnvoll und bewusst als Werkzeug einsetzen.

In diesem Buch begleite ich dich durch die verschiedenen Phasen des Schreibprozesses und gebe dir einen umfassenden Einblick in das Thema KI. Dabei zeige ich dir auch sämtliche Anwendungsmöglichkeiten auf, damit du die Technologie nicht nur besser verstehst, sondern dir auch deine eigene Meinung dazu bilden kannst.

Die grauen Boxen enthalten praktische Prompts, die du direkt ausprobieren kannst:

ChatGPT Prompt-Tipp:

`Beispielprompt`

· ·

WICHTIGER HINWEIS

Die KI entwickelt sich rasant weiter. Dieses Buch basiert auf dem Stand von März 2025, weshalb es durchaus möglich ist, dass seitdem neue Entwicklungen und Fortschritte stattgefunden haben, die hier noch nicht berücksichtigt wurden. Ich empfehle dir daher, dich auch über die aktuellsten Trends und Updates zu informieren.

· ·

Fangen wir an!

DEINE ERSTEN SCHRITTE MIT CHATGPT & CO.

Seit ChatGPT vor einigen Jahren auf der Bildfläche erschienen ist, entfaltet sich fast täglich ein faszinierendes Spektrum an neuen KI-unterstützten Tools. Giganten wie Google, Microsoft, Apple integrieren diese magischen Helfer in ihre Angebote – das ganze Technologieuniversum scheint in Bewegung zu sein.

Besonders für uns Autor:innen entstehen neben ChatGPT immer mehr KI-Schreibtools – darunter Gemini, Claude, Sudowrite, Writesonic, neuroflash, HIX.AI – die Liste ist endlos! Auch wenn die Zukunft voller Überraschungen steckt und wir nicht wissen, welche innovativen Produkte noch auf uns warten, beginnt die Reise in die Welt der KI (fast) immer mit einem einfachen Schritt: der Anmeldung auf der Plattform deiner Wahl.

Die Links zu den exemplarisch genannten Schreibtools findest du im Kapitel „Bonusmaterial". Im Folgenden konzentriere ich mich jedoch ausschließlich auf die beiden Plattformen „ChatGPT" und „Claude", weil sie die spannendsten und vielseitigsten Möglichkeiten für uns Autor:innen bieten.

⭘ ChatGPT

Die Plattform hat verschiedene Versionen im Angebot, die auf unterschiedliche Nutzer:innenbedürfnisse zugeschnitten sind. Mit der kostenlosen Variante erhält man Zugriff auf leistungsstarke Funktionen der Textgenerierung sowie die Möglichkeit, Bilder zu erstellen — ideal für alltägliche Aufgaben, kreative Ideen und einfache Visualisierungen. Die kostenpflichtigen Versionen erweitern den Funktionsumfang, gewähren den Zugriff auf fortschrittlichere Sprachmodelle und schalten höhere Nutzungslimits frei.   Stand: 31. März 2025

ChatGPT:
🌐 *https://chatgpt.com*

⭘ Claude

Claude.ai, entwickelt von Anthropic, bietet ebenfalls kostenlose und kostenpflichtige Versionen an. Nutzer:innen der kostenlosen Variante wird rund um die Uhr der Zugang auf den neuesten Sprachmodell-Algorithmus gewährt, allerdings ist die Anzahl der Nachrichten limitiert. Die kostenpflichtigen Versionen hingegen stellen deutlich erweiterte Nutzungsmöglichkeiten zur Verfügung, wie beispielsweise schnellere Zugriffe während der Stoßzeiten, höhere Nutzungslimits oder früheren Zugang zu neuen Funktionen.   Stand: 31. März 2025

Claude:
🌐 *https://claude.ai*

Ich nutze beide Plattformen – bei ChatGPT sogar die Plus-Version – um die Vielfalt der Antworten zu vergleichen und zu analysieren. Du kannst natürlich selbst entscheiden, wie du hier vorgehen möchtest. Beachte dabei nur folgendes:

HINWEIS: Das STORY**BOOK** enthält auch Prompts zur Bilderstellung für „DALL-E", wofür die Plus-Version von ChatGPT benötigt wird. Wenn du die Basisversion verwendest, kannst du es mit der (derzeit noch) kosten-losen Variante „**Copilot**" von Microsoft versuchen oder diese Abschnitte überspringen und stattdessen kostenlose Charaktergeneratoren (siehe „**Bonusmaterial**") im Internet nutzen.

· ·

EINE SACHE NOCH:

Ich rate dir dringend, vor dem Ein-satz von KI, zuerst auf deine eigene Kreativität zu setzen. Schließlich soll es ja **dein** Buch werden.

· ·

Sobald du deinen Account eingerichtet hast, kannst du beginnen, die KI mit eigenen Fragen und Themen zu testen. Experimentiere mit unter-schiedlichen Anfragen, um ein Gefühl dafür zu bekommen, wie jede Plattform reagiert. Du wirst feststellen, dass jede seine eigene Art hat, Informationen zu verarbeiten und darzustellen, was besonders nütz-lich sein kann, je nachdem, welche Art von Unterstützung du in deinem Schreibprozess suchst.

KLEINER EXKURS: PROMPT ENGINEERING

Wenn du die KI in deinen Schreibprozess integrierst, wirst du schnell feststellen, dass die Qualität der Antworten stark von der Formulierung deiner Anfragen abhängt. Da kommt „Prompt Engineering" ins Spiel: Es beschreibt die Fähigkeit, präzise und zielgerichtete Eingaben zu er-stellen, um die besten Ergebnisse zu erzielen. Gut durchdachte Prompts ermöglichen dir, die KI auf deine Anforderungen auszurichten.

Was ist ein Prompt?

Ein Prompt ist nichts anderes als die Anweisungen, die du der KI gibst, um eine spezifische Antwort zu erhalten. Diese können so einfach wie eine kurze Frage oder so komplex wie ein detailliertes Szenario sein. Je klarer und spezifischer dein Prompt ist, desto genauer und vor allem relevanter fällt die Antwort aus.

Warum sind Prompts so wichtig?

Die Qualität deiner Eingaben bestimmt, wie effizient die KI arbeiten wird. Ein gut formulierter Prompt spart nicht nur Zeit, sondern liefert auch Ergebnisse, die genau auf dein Projekt abgestimmt sind. Kleine Änderungen in der Formulierung können große Unterschiede in der Ausgabe bewirken.

Beispiel:

Falsch: *„Erzähle mir eine Geschichte eines reichen Mannes aus einer kleinen Stadt mit Problemen und Erfolgen."*

Besser: *„Schreibe eine kurze Geschichte von maximal 300 Wörtern über die Hürden und Erfolge eines armen Bauern, der durch harte Arbeit innerhalb von 10 Jahren reich und erfolgreich wurde."*

Bausteine für einen gelungenen Prompt

Hier sind die sechs zentralen Elemente, die du für die Erstellung deines Prompts beachten solltest:

1. Rolle / Persona: Definiere, welche Rolle die KI übernehmen soll.

Beispiel: „Du bist ein oder eine erfahrene:r Schreibcoach:in mit Schwerpunkt auf Romanen und kreativen Texten. Deine Sprache ist unterstützend, inspirierend und klar und du achtest darauf, dein Feedback so zu formulieren, dass es leicht umsetzbar ist."

2. Anweisung: Beschreibe ganz genau, was die KI tun soll.

Beispiel: „Analysiere bitte die nachfolgenden zwei Absätze meines Romans aus dem Genre historischer Liebesroman. Gib Feedback zu folgenden drei Themen:

(1) Sprachstil: Analysiere den literarischen Ton und die Eleganz der Sprache. Beachte dabei die Wirkung des Stils auf die Zielgruppe und den Kontext der historischen Epoche.

(2) Historische Genauigkeit: Beurteile die Authentizität des Textes im Hinblick auf die Darstellung von Zeit, Ort und gesellschaftlichen Details. Weise auf mögliche Fehler hin und biete konkrete Verbesserungsvorschläge an.

(3) Emotionale Resonanz: Gib Feedback zur emotionalen Wirkung der Szene, insbesondere in Bezug auf die Beziehung zwischen dem Protagonisten und der Pianistin. Schlage vor, wie die Dynamik zwischen den Figuren noch intensiver gestaltet werden könnte."

3. Kontext: Liefere Hintergrundinformationen, die für die Aufgabe relevant sind. Je besser die KI die Gesamtsituation versteht, desto präziser und hilfreicher werden die Antworten.

Beispiel: „Der unten angeführte Text stammt aus meinem historischen Roman, der im 19. Jahrhundert in Wien spielt. Der Protagonist, ein junger Arzt, ringt mit den gesellschaftlichen Erwartungen seiner Familie und der Leidenschaft für seine Arbeit. Der folgende Abschnitt beschreibt das erste Treffen mit seiner zukünftigen Liebe, einer Pianistin, die Teil einer liberalen Künstlergemeinschaft ist."

TIPP:

Stell dir vor, du sprichst mit einem Freund oder einer Freundin – auch da würdest du dich klar und flüssig ausdrücken, ohne in abgehackten Sätzen zu kommunizieren.

Merke Dir:

Klare Anweisung
+
zusätzlicher Kontext
=
verständlich

4. Beispiele: Dieses Element wird häufig unterschätzt. Wenn du der KI spezifische Inhalte bereitstellst, hilfst du ihr dabei, wertvolle Informationen zu erkennen, etwa in Bezug auf Tonalität, Struktur oder Wortwahl. Dadurch versteht sie deine Erwartungen wesentlich besser.

Beispiel: „Hinsichtlich des Sprachstils orientiere dich an diesem Satz: ‚Die flackernden Gaslampen tauchten die engen Gassen in ein sanftes Licht.' Der Ton sollte bildhaft und emotional sein, um die Atmosphäre der Epoche einzufangen und die inneren Gedanken der Figuren widerzuspiegeln."

5. Input Data: Füge zusätzliche Daten hinzu, falls nötig.

Beispiel: „Nutze das angehängte PDF über medizinische Praktiken im 19. Jahrhundert, um die historische Genauigkeit zu gewährleisten."

6. Output Format: Bestimme, wie das Ergebnis präsentiert werden soll. Beispielsweise als Liste, Fließtext oder in Tabellenform?

Beispiel: „Formatiere deine Antwort in drei klar gegliederte Abschnitte: (1) Sprachstil (2) Historische Genauigkeit (3) Emotionale Resonanz."

[Text]

Vollständiger Prompt:

Du bist ein oder eine erfahrene:r Schreibcoach:in mit Schwerpunkt auf Romanen und kreativen Texten. Deine Sprache ist unterstützend, inspirierend und klar und du achtest darauf, dein Feedback so zu formulieren, dass es leicht umsetzbar ist. Dein Ziel ist es, die literarische Qualität und emotionale Tiefe des Textes zu optimieren.

#Anweisung
Analysiere bitte die nachfolgenden zwei Absätze meines Romans aus dem Genre historischer Liebesroman. Gib Feedback zu folgenden drei Themen: (1) Sprachstil: Analysiere den literarischen Ton und die Eleganz der Sprache. Beachte dabei die Wirkung des Stils auf die Zielgruppe und den Kontext der historischen Epoche. (2) Historische Genauigkeit: Beurteile die Authentizität des Textes im Hinblick auf die Darstellung von Zeit, Ort und gesellschaftlichen Details. Weise auf mögliche Fehler hin und biete konkrete Verbesserungsvorschläge an. (3) Emotionale Resonanz: Gib Feedback zur emotionalen Wirkung der Szene, insbesondere in Bezug auf die Beziehung zwischen dem Protagonisten und der Pianistin. Schlage vor, wie die Dynamik zwischen den Figuren noch intensiver gestaltet werden könnte.

#Kontext
Der unten angeführte Text stammt aus meinem historischen Roman, der im 19. Jahrhundert in Wien spielt. Der Protagonist, ein junger Arzt, ringt mit den gesellschaftlichen Erwartungen seiner Familie und der Leidenschaft für seine Arbeit. Der folgende Abschnitt beschreibt das erste Treffen mit seiner zukünftigen Liebe, einer Pianistin, die Teil einer liberalen Künstlergemeinschaft ist.

#Beispiel
Hinsichtlich des Sprachstils orientiere dich an diesem Satz: ‚Die flackernden Gaslampen tauchten die engen Gassen in ein sanftes Licht.‘ Der Ton sollte bildhaft und emotional sein, um die Atmosphäre der Epoche einzufangen und die inneren Gedanken der Figuren widerzuspiegeln.

#Input
Nutze das angehängte PDF über medizinische Praktiken im 19. Jahrhundert, um die historische Genauigkeit zu gewährleisten.

#Output
Formatiere deine Antwort in drei klar gegliederte Abschnitte: (1) Sprachstil (2) Historische Genauigkeit (3) Emotionale Resonanz.

[Text]

TIPP:

Um qualitativ hochwertige Antworten zu erhalten, lohnt es sich, der KI ausreichend Informationen zu liefern!

Sehr umfangreich, nicht? Aber es lohnt sich, der KI – besonders für den allerersten Prompt in einem Chatverlauf – ausreichend Informationen zu liefern, um qualitativ hochwertige Antworten zu erhalten. Einmal definiert, kannst du nachfolgende Anweisungen kürzer und gezielter gestalten, da die KI bereits den Kontext kennt und darauf aufbauen kann.

Du findest kompakte Beispiele in den verschiedenen Kapiteln dieses Buches. Behalte jedoch stets den idealen Aufbau eines Prompts im Hinterkopf.

Der Prompt Engineering Prozess – leicht gemacht!

Prompt Engineering klingt vielleicht erstmal kompliziert, ist aber eigentlich ziemlich simpel, wenn du einen klaren Plan verfolgst. Es eignet sich besonders für wiederkehrende Aufgaben, bei denen es auf konsistente und präzise Ergebnisse ankommt. Für einmalige Anfragen kannst du hingegen oft mit einfachen Anfragen loslegen.

Hier sind sechs Schritte, die dir helfen, das Beste aus der KI herauszuholen:

1. Ziel definieren: Was willst du eigentlich?

Kläre für dich, was du genau brauchst. Geht es um eine detaillierte Analyse, einen kreativen Text oder einfach um Inspiration? Je klarer du bist, desto besser versteht die KI deine Erwartungen.
Beispiel: „Ich möchte historische Ungenauigkeiten in meinem Romantext identifizieren lassen."

2. Ersten Prompt schreiben:

Formuliere eine erste Version des Prompts nach dem oben beschriebenen Aufbau. Je detaillierter deine Anfrage, desto besser versteht die KI, was du erwartest.

3. Testen, testen, testen:

Führe den Prompt aus und sieh dir das Ergebnis an. Stelle dir dabei folgende Frage: Ist die Antwort differenziert genug, oder bleibt sie zu allgemein? Fehlen wichtige Details?

4. Ergebnis kritisch prüfen:

Bewerte die Antwort und überprüfe, ob deine Eingaben angepasst werden müssen. Überlege dir, welche Elemente der Eingabe verbessert werden können. Vielleicht brauchst du mehr Beispiele oder genauere Fragen, damit die KI besser versteht, was du willst.

5. Prompt optimieren:

Überarbeite deinen Prompt und füge mehr Kontext oder Details hinzu, falls nötig. Du könntest beispielsweise spezifische Ereignisse oder Themen einbauen:

Beispiel: „Überprüfe bitte, ob die Darstellung der Cholera-Epidemie von 1831 in meinem Text tatsächlich korrekt ist."

6. Wiederholen bis es passt:

Manchmal braucht es ein paar Anläufe, bis der Prompt wirklich perfekt ist. Lass dich nicht entmutigen, wenn es nicht sofort klappt. Prompt Engineering ist ein Prozess – mit jedem Durchgang lernst du, was funktioniert und was nicht. Perfektion ist selten beim ersten Versuch!

EXTRA TIPP:

Hast du einmal einen großartigen Prompt entwickelt, speichere ihn ab. So kannst du ihn später für ähnliche Aufgaben wiederverwenden und sparst dir jede Menge Zeit.

DER UMGANG MIT DEN ERGEBNISSEN

Wenn du KI in deinem kreativen oder analytischen Prozess integrierst, ist es wichtig, die erhaltenen Resultate kritisch zu betrachten. KI-Tools überraschen uns zwar oft mit innovativen und unerwarteten Einsichten, doch können sie auch Fehler oder Verzerrungen enthalten. Hier sind einige Tipps, wie du effektiv mit den Ergebnissen umgehen kannst:

1. Überprüfung und Validierung:

Vergleiche bitte unbedingt die von der KI generierten Informationen mit vertrauenswürdigen Quellen. Dies ist besonders wichtig, wenn es um Fakten, Daten oder historische Informationen geht. Das Ziel sollte sein, eine solide Grundlage für deine Arbeit zu schaffen, die auf verlässlichen Informationen beruht.

2. Anpassung und Feinabstimmung:

Nutze die gelieferten Inhalte als inspirierenden Ausgangspunkt und passe sie an deinen spezifischen Kontext an. Verleihe den Inhalten deinen persönlichen Stempel, indem du Schreibstil, Ton und Zielsetzung an dein Projekt anpasst. So gewinnen die Inhalte an Authentizität.

3. Kreative Integration:

Lass dich von den Vorschlägen inspirieren, behalte aber stets die kreative Leitung. Nutze die Vorschläge der KI als Sprungbrett für weiterführende Ideen oder als hilfreiches Mittel um kreative Blockaden zu überwinden. Nimm dir die Freiheit, diese Impulse zu erkunden und auf deine individuelle Art weiterzuentwickeln.

4. Ethische Überlegungen:

Berücksichtige bei der Verwendung von KI-generierten Inhalten auch die ethischen Aspekte, insbesondere im Hinblick auf Urheberrechte und die Authentizität deiner Arbeit. So stellst du sicher, dass du respektvoll und verantwortungsbewusst mit den Werken anderer umgehst.

Durch die bewusste und verantwortungsvolle Nutzung der KI-Ergebnisse kannst du das volle Potenzial dieser Technologien ausschöpfen, ohne die Integrität deines Projekts zu gefährden. Letzten Endes bist du der kreative Geist hinter deiner Arbeit und die KI ist ein Werkzeug, das dir auf deinem Weg hilft.

DIE GRENZEN VON CHATGPT & CO.

Trotz der vielen Möglichkeiten, gibt es noch deutliche Grenzen, die beim Einsatz von KI berücksichtigt werden müssen:

1. Verständnis und Kontext:

KI-Modelle wie ChatGPT generieren Antworten basierend auf Mustern in Daten, ohne echtes Verständnis oder Bewusstsein für die Inhalte. Das kann dazu führen, dass die Antworten zwar sprachlich korrekt erscheinen, aber inhaltlich unangemessen, irrelevant oder falsch sind – insbesondere in komplexen Diskussionen, die tiefes Verständnis erfordern.

2. Aktualität der Informationen:

ChatGPT ist beispielsweise auf Trainingsdaten angewiesen, die bis zu einem bestimmten Zeitpunkt gesammelt wurden. Daher kann es in Bereichen, die aktuelles Wissen erfordern – sei es die neuesten wissenschaftlichen Entdeckungen oder aktuelle Ereignisse – nicht immer die nötige Unterstützung bieten. Es ist wichtig, Quellen zu konsultieren, die aktuell sind.

3. Verzerrungen und ethische Bedenken:

KI-Systeme können unbeabsichtigt bestehende Verzerrungen widerspiegeln und somit ethisch problematische Ergebnisse liefern. Besonders in sensiblen Bereichen wie Rasse, Geschlecht und sozialer Gerechtigkeit ist es wichtig, die Ergebnisse kritisch zu hinterfragen.

4. Kreativität und Originalität:

Obwohl KI kreative Inhalte generiert, sind diese oft lediglich ein Neu-arrangement bestehender Ideen und Konzepte. Echte Kreativität und originelle Denkansätze, wie wir Menschen sie hervorbringen, stellen für KI nach wie vor eine Herausforderung dar. Hier kommen wir Autor:innen ins Spiel – unser kreatives Potenzial ist unübertroffen!

5. Abhängigkeit von Input-Qualität:

Die Qualität der KI-generierten Antworten hängt stark von der Präzision der gestellten Fragen ab. Vage oder mehrdeutige Anfragen können zu unklaren oder irreführenden Ergebnissen führen. Es lohnt sich also zu lernen, wie man solche Fragen formuliert (siehe Abschnitt „**Prompt Engineering**").

Diese Einschränkungen verdeutlichen, wie wichtig es ist, die Resultate von ChatGPT und ähnlichen KI-Tools nicht einfach unhinterfragt zu akzeptieren.

DIE STORY**BASIS**

DIE STORY
BASIS

Die STORY**BASIS** ist der Dreh- und Angelpunkt deines Schreibabenteuers, denn hier legst du den Grundstein für deine Story. Es ist der Moment, in dem du dein großes „Warum" erforscht – das Motiv, das dich antreibt, deine Geschichte in die Welt zu bringen. Gleichzeitig entwickelst du das richtige Mindset, um dich den Herausforderungen des Schreibens zu stellen. Hier findest du die Motivation und Inspiration, die nötig sind, um deinen Ideen Leben einzuhauchen.

Der Weg zu dir

Als kleine Aufwärmübung schlage ich vor, dass wir uns zunächst ein bisschen Zeit nehmen, um dich besser kennenzulernen. Plane dafür etwa fünf Minuten ein und beantworte folgende Fragen:

O Wer bin ich?
O Warum bin ich hier (auf dieser Welt)?
O Was möchte ich erreichen?

Diese Überlegungen mögen vielleicht zu tiefgründig erscheinen, aber sie sind entscheidend, um dir noch mehr Klarheit über dein „**Warum**" zu verschaffen.

DAS WARUM

Ich möchte dich an dieser Stelle auch gleich vorwarnen: Bei deinem Schreibprojekt wirst du unweigerlich auf Hindernisse treffen. Es wird Augenblicke der Unsicherheit geben, in denen die Worte sich zu verstecken scheinen und die Seiten unbeschrieben bleiben. Zweifel werden sich einschleichen und das Gefühl, nicht gut genug zu sein, kann überwältigend sein. Doch keine Sorge, diese Phasen sind normal und ein wichtiger Teil der kreativen Arbeit. Sie fordern unsere Hingabe heraus und regen uns an, unsere Ziele zu überdenken und gegebenenfalls neu zu justieren.

> *Warum willst du ein Buch schreiben?*

Okay, jetzt einmal Hand aufs Herz:

O **Warum schreibst du?**
O **Was bewegt dich dazu, deine Gedanken in Worte zu fassen?**
O **Was treibt dich an, Seite um Seite mit Worten zu füllen?**

Klingt nach einfachen Fragen, nicht wahr? Unterschätze aber ihre Bedeutung nicht! Sie sind die Säulen für den Erfolg deiner Schreibreise. Deine Motivation – das „Warum" – ist der Kompass, der dich durch den gesamten Schreibprozess navigieren wird, ein Weg, der ebenso bereichernd wie herausfordernd sein kann und mehr einer langen Expedition gleicht, als einer Eintagestour.

Sprich, ein *„Ich habe einfach Lust darauf, ein Buch zu schreiben"* reicht vielleicht als Anfangsimpuls aus, doch um **auf Dauer durchzuhalten** braucht es mehr. Ein starkes, persönliches „Warum" gibt dir die Beharrlichkeit, die du benötigst. Es motiviert dich, Tag für Tag zur Tastatur zurückzukehren, auch wenn es scheint, als ob dir nichts gelingen mag.

Lass uns einen Blick auf gute und schwache Schreibgründe werfen.

Gründe, die dich nicht weit bringen werden:
- ✕ Die Hoffnung auf schnellen Reichtum.
- ✕ Der Wunsch nach Ruhm.
- ✕ Der Druck von außen.
- ✕ Das blinde Folgen von kurzlebigen Trends.

Die wahren Antriebskräfte:
- ✔ Die Leidenschaft für ein bestimmtes Thema.
- ✔ Das Streben nach persönlicher Entwicklung.
- ✔ Das Bedürfnis, eigene Erfahrungen zu teilen.
- ✔ Die Freude daran, Wissen weiterzugeben.

Wenn dir das Schreiben an sich keine Freude bereitet, wird es hart. Mit den unpassenden Motiven im Gepäck wird es nur noch schwerer. Ich möchte dir keine Angst machen, sondern dich auf das vorbereiten, was dich erwartet.

Einen Roman zu verfassen ist nämlich anstrengend, aber es lohnt sich. Am Ende wirst du nicht nur viel über das Schreiben, sondern auch über dich selbst gelernt haben. Genau das verleiht dem Ganzen seinen wahren Wert.

Kehren wir nun zurück zu meiner anfänglichen Frage:

„Warum willst du dein Buch schreiben?"

Als Hilfestellung für die Beantwortung habe ich dir nachfolgend drei Übungen zusammengestellt. Fühl dich frei, alle drei auszuprobieren oder die Übung zu wählen, die dir am meisten zusagt.

Viel Vergnügen!

◇ **ÜBUNG: DER BRIEF AN DIE ZUKUNFT**

Nimm dir etwas Zeit und verfasse einen Brief an dein zukünftiges Ich. Erkläre darin, warum du gerade jetzt beschlossen hast zu schreiben und was du dir von diesem kreativen Abenteuer versprichst.

◇ **ANLEITUNG**

- Stell dir vor, dass deine Nachricht an dein Ich in fünf Jahren gerichtet ist: Was möchtest du dieser Person über deine Beweggründe zum Schreiben sagen?
- Erkläre, was das vollendete Buch für dich bedeutet und wie du dich durch den Schreibprozess verändert hast oder verändern möchtest.
- Versiegle den Brief und lege ein Datum fest, an dem du ihn öffnen wirst.

◇ **BEISPIEL**

Liebe Sabrina,

während ich hier sitze und diese Zeilen an dich schreibe, spüre ich eine Mischung aus Aufregung und einer Spur Nervosität. Der Entschluss, jetzt mit dem Schreiben zu beginnen, fühlt sich wie der Sprung ins kalte Wasser an – ein wenig beängstigend, aber auch erfrischend und absolut notwendig.
Ich starte diese Reise, weil in mir Stories brodeln, die mittlerweile schon ein Eigenleben entwickelt haben und danach drängen, endlich losgelassen zu werden, in die Ferne...

Die Welt kann ein harter Ort sein, voller Herausforderungen und Prüfungen. Ich glaube fest daran, dass wir alle auf die eine oder andere Weise Licht in das Dunkel bringen können. Mit meinen Geschichten möchte ich Brücken bauen, Verbindungen schaffen und dem einen oder anderen Menschen ein wenig Trost oder Mut spenden.

Ich schreibe, um zu teilen – nicht nur Stories, sondern Erfahrungen, Emotionen, Botschaften. Meine Worte sollen bei den Leser:innen etwas auslösen, sie berühren und vielleicht sogar einen kleinen Unterschied in ihrem Leben machen.

Sabrina, ich hoffe, du blickst zurück auf diese Zeit und fühlst dich erfüllt von dem Wissen, dass du den Mut hattest, diesen ersten Schritt zu wagen. Du bist nicht nur deinen Träumen nachgejagt, sondern hast auch anderen den Weg erleuchtet.

Deine Sabrina

◇ **JETZT DU**

◇ ÜBUNG: DAS „WARUM-WEB"

Diese Übung hilft dir, in deine Motivationen einzutauchen und (tief) verborgene Antriebe zu entdecken, indem du sie visuell darstellst.

◇ ANLEITUNG

> **ONLINE-VORLAGE**
> 🌐 https://storify.ing/storybook
> 🔒 Passwort: Storybook.1719

- Platziere in der Mitte des vorgesehenen Kästchens ein Symbol (oder mehrere), das für dich und dein Schreibprojekt steht.
- Von diesem Zentrum aus ziehst du Linien, die zu einem Wort oder einer Phrase führen, die jeweils einen Beweggrund für dein Schreiben darstellen (*zum Beispiel* „Stories teilen", „Neues lernen", „Kreativität ausdrücken").
- Bei jedem dieser Punkte fragst du dich: „Warum?" und zeichnest von jeder Antwort neue Linien zu weiterführenden Gründen oder Erklärungen.
- Betrachte im Anschluss das entstandene Web. Die am dichtesten vernetzten Bereiche zeigen dir, was dir wirklich am Herzen liegt.

◇ BEISPIEL

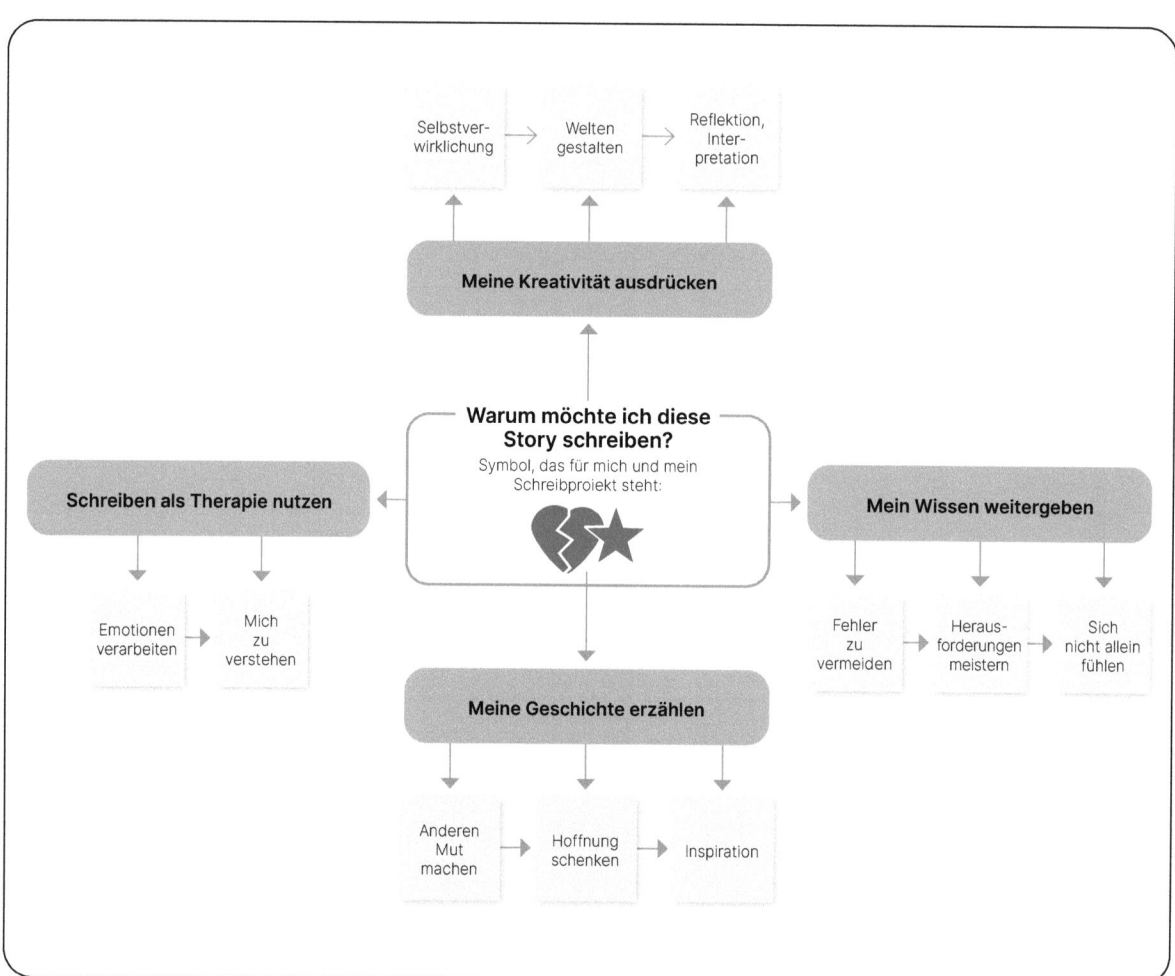

◇ **DU BIST DRAN**

◇ **ÜBUNG: DEIN SWEET SPOT**

Diese Übung zielt laut Jonas (2023) darauf ab, deine Leidenschaften, Talente und den Mehrwert, den du anderen bieten kannst, zu vereinen. Wir möchten deine Interessen, also das, was du richtig gut beherrscht, und die Vorteile, die du anderen bringst, in Einklang bringen.

◇ **ANLEITUNG**

- **Leidenschaft:** Was liebst du am Schreiben? Ist es das Erschaffen neuer Welten, das Entwickeln von Charakteren oder vielleicht das Tüfteln an kniffligen Plots? Schreibe in dem Kreis „Leidenschaft" alles auf, was dir Freude bereitet.
- **Fähigkeiten:** Hier geht es jetzt um deine Stärken. Bist du ein Ass im Dialoge schreiben, brillierst du in der Beschreibung von Settings oder liegt dir das Ausarbeiten von Spannungsbögen? Liste im Kreis „Fähigkeiten" auf, worin du glänzt.
- **Nutzen:** Überlege, welchen Mehrwert deine Stories anderen bieten können. Ist es Unterhaltung, Inspiration, ein tiefes Verständnis für bestimmte Themen oder starke Emotionen, die bearbeitet werden sollen? Finde heraus, was deine Geschichten für deine Leser:innen besonders macht und trage es unten ein.

> **ONLINE-VORLAGE**
> 🌐 https://storify.ing/storybook
> 🔒 Passwort: Storybook.1719

Hast du all deine Gedanken in die drei Kreise geschrieben? Perfekt, dann sieh dir doch einmal jene Stelle an, an der sich alle drei Kreise überlappen. Das ist dein „Sweet Spot". Dieser Punkt repräsentiert die Schnittmenge aus dem, was du leidenschaftlich gerne tust, worin du talentiert bist und was deinen Leser:innen auch einen echten Mehrwert bietet. Genau hier entstehen deine stärksten und wirkungsvollsten STORY**IDEEN**.

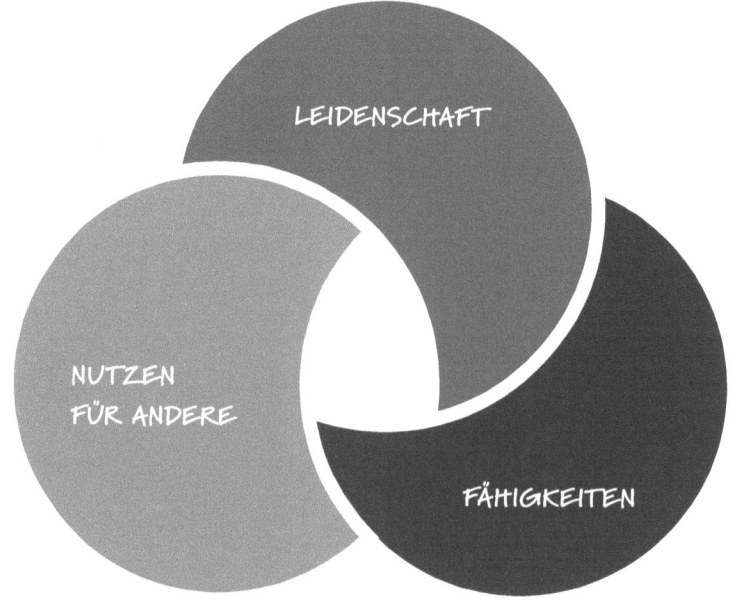

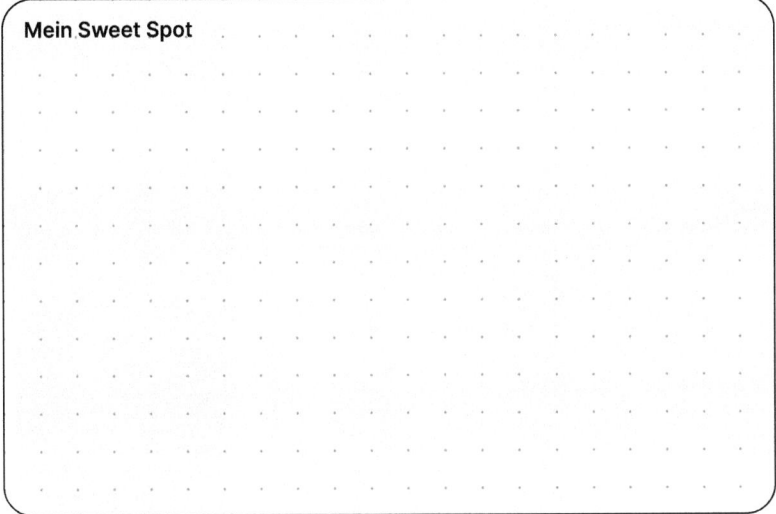

◇ **TROMMELWIRBEL...**

Hast du dein „Warum" gefunden? **Fantastisch!**

Notiere es direkt hier:

Damit hast du schon einen großen Schritt gemacht!

Trotzdem muss ich dich fragen: Bist du wirklich bereit, dich als Autor:in zu behaupten? Um ganz sicher zu sein, lass uns dies mit einem kurzen Quiz überprüfen.

Bist du bereit, **Autor:in** zu werden?

Gib für jede der folgenden Aussagen nur eine Bewertung ab.

1. Wie stark ist deine Leidenschaft für das Schreiben?

O Ich schreibe eigentlich nur, wenn ich Lust dazu habe.   *(1 Punkt)*

O Ich genieße das Schreiben und mache es regelmäßig in meiner Freizeit.   *(2 Punkte)*

O Schreiben ist meine große Leidenschaft; ich kann nicht ohne.   *(3 Punkte)*

2. Bist du bereit, Zeit und Mühe in das Schreiben zu investieren?

O Ich habe wenig Zeit und andere Prioritäten.   *(1 Punkt)*

O Ich kann regelmäßig etwas Zeit dafür aufbringen.   *(2 Punkte)*

O Ich bin bereit, so viel Zeit wie nötig zu investieren.   *(3 Punkte)*

3. Wie gehst du mit Schreibblockaden oder kreativen Herausforderungen um?

O Ich finde es schwierig, mich zu motivieren und neige dazu, aufzugeben.   *(1 Punkt)*

O Ich suche nach Lösungen, fühle mich aber manchmal festgefahren.   *(2 Punkte)*

O Ich sehe Herausforderungen als Teil des Prozesses und nutze sie
als Chance zum Lernen und Wachsen.   *(3 Punkte)*

4. Wie gehst du mit Kritik um?

O Kritik demotiviert mich schnell.   *(1 Punkt)*

O Ich kann Kritik annehmen, finde es aber nicht immer leicht.   *(2 Punkte)*

O Ich sehe Kritik als Chance, mich zu verbessern.   *(3 Punkte)*

5. Wie motiviert fühlst du dich, ein Buchprojekt zu beginnen und zu beenden?

O Ich bin mir nicht sicher, ob ich bis zum Ende durchhalten würde.   *(1 Punkt)*

O Ich bin ziemlich motiviert, habe aber noch Bedenken.   *(2 Punkte)*

O Ich bin vollkommen entschlossen, mein Buch zu beenden.   *(3 Punkte)*

> *Meine Punkte:*
>
> ....

AUSWERTUNG:

5-7 Punkte:

Du spielst mit dem Gedanken, Autor:in zu werden, aber es gibt noch einige Unsicherheiten und Herausforderungen, die dich zurückhalten. Keine Sorge, das ist völlig normal. Besonders am Anfang. Wichtig ist nur, sich klar zu werden, warum du schreibst und welche Ziele du damit verfolgst. Nimm dir Zeit, deine Leidenschaft zu entdecken. Denke darüber nach, was dich am Schreiben begeistert und was du mit deinen Stories erreichen möchtest. Der erste Schritt ist der wichtigste – bleib daher neugierig und offen!

8-12 Punkte:

Du hast bereits eine solide Basis und eine klare Motivation für das Schreiben entwickelt – das ist ein toller Start! Es gibt jedoch noch Raum für Entwicklung, besonders im Umgang mit Selbstzweifeln und Kritik. Das ist auch in Ordnung, aber denke daran: Kritik ist eine wertvolle Ressource. Nutze Feedback, um deine Stärken gezielt zu verbessern. Suche auch nach Möglichkeiten, um deine Fähigkeiten zu schärfen, sei es durch Schreibkurse oder den Austausch mit anderen Autor:innen. Dadurch wirst du selbstbewusster und sicherer.

13-15 Punkte:

Du brennst für das Schreiben und bist mehr als bereit, die Reise als Autor:in anzutreten. Deine Leidenschaft und Entschlossenheit sind starke Antriebskräfte, die dich voranbringen werden. Jetzt geht es darum, diese Energie gezielt zu nutzen und deinen Traum vom eigenen Buch zu verwirklichen: Setze dir klare Ziele, plane feste Schreibzeiten ein und verfeinere dein Projekt mit Disziplin und Engagement. Diese Entschlossenheit ist jetzt der Schlüssel zu deinem Erfolg.

Nun, da du jetzt weißt, worauf es als Autor:in ankommt,
lass uns mit diesem Wissen in die nächste Phase eintauchen.

DAS RICHTIGE
MINDSET

Stell dir vor, wie du jeden Tag, früh morgens oder
spät abends nach deiner regulären Arbeit, an deinem Manuskript feilst - und das, selbst wenn die
Müdigkeit bereits tief in den Knochen sitzt.

Du kämpfst dich durch komplizierte Recherchen, entschlüsselst
schwierige Informationen und feilst an jedem Satz, bis er perfekt sitzt.
Du sagst Treffen mit Freund:innen ab, nicht weil du musst, sondern weil
du dieses eine Kapitel noch einmal überarbeiten willst – damit du am
nächsten Tag bestens vorbereitet in den Schreibtag startest.

Wie fühlt sich das für dich an?

Ist das ein Szenario, das du mit Begeisterung annehmen kannst? Diese
Beispiele verdeutlichen, was es tatsächlich bedeutet, die richtige Einstellung zum Schreiben zu haben. Denn der wahre Beginn des Schreibprozesses liegt weit vor dem Moment, in dem das erste Wort zu Papier
gebracht wird. Er beginnt schon im Kopf.

Nur mit dem richtigen Mindset wirst du in der Lage sein, den oft langen
und herausfordernden Weg zur Veröffentlichung deines Buches erfolgreich zu meistern. Deine Bereitschaft, Opfer zu bringen und auch unter
schwierigen Bedingungen durchzuhalten, ist entscheidend für deinen
Erfolg als Autor:in.

Hier sind einige zentrale Aspekte, die du auch beachten solltest:

Die Beziehung zu dir selbst

Selbstvertrauen hilft dir, deine Ideen voranzutreiben und deine einzigartige Stimme zu finden. Sei aber auch selbstkritisch, um deine Arbeit so gut es geht objektiv zu betrachten und kontinuierlich zu verbessern. Auf deinem kreativen Weg wirst du nicht nur als Autor:in, sondern auch persönlich wachsen. Du hast die Chance, dich besser kennenzulernen und mehr über deine Stärken und Leidenschaften zu erfahren.

Mein Tipp: Vertraue immer auf deine Kreativität, denn irgendwann, im Laufe des Prozesses, wirst du auf Herausforderungen und Unsicherheiten stoßen. Richte in solchen Momenten den Fokus auf deine inneren Antriebe und nutze sie als positive Kräfte. Warum schreibst du? Was möchtest du mit deinen Geschichten bei deinen Leser:innen bewirken? Diese Fragen unterstützen dich dabei, auch in herausfordernden Momenten den Kurs zu halten.

Zielstrebigkeit

Was hast du dir für Ziele vorgenommen oder schreibst du einfach drauflos? Viele Autor:innen starten ohne klare Vision und hoffen dann auf das Beste. Das kann klappen, muss aber nicht. Ich rate dir wirklich, konkrete Pläne zu schmieden. Egal, ob es darum geht, jeden Tag eine bestimmte Anzahl von Wörtern zu schreiben oder bis Ende des Monats ein Kapitel fertigzustellen – klare Ziele helfen dir, den Fokus zu behalten, motiviert zu bleiben und weiterzumachen.

Geduldsmarathon

Schreiben ist selten ein schneller Prozess. Von der ersten zündenden Idee bis zum fertigen Buch können Monate, manchmal sogar Jahre vergehen. Also, Geduld ist ein Muss! Denk daran, Rückschläge und endlose Revisionen sind Teil des Spiels. Wenn du das akzeptierst, fällt es dir leichter, am Ball zu bleiben, selbst wenn der Weg steinig wird.

TIPP:
Führe ein Mini-Journal und schreibe dir regelmäßig auf, was du gelernt hast.

> *Egal, welchen Hürden du begegnen wirst, sei nicht zu streng zu dir selbst. Bleibe geduldig und wertschätze jeden deiner Fortschritte. Sie bringen dich deinem Ziel näher.*

STORYCOACH-NOTIZ

Reflektiere regelmäßig deine Fortschritte, denn jedes Schreibprojekt bringt seine eigenen Lernkurven und Herausforderungen mit sich. Nimm dir Zeit, regelmäßig zurückzublicken und darüber nachzudenken, was gut gelaufen ist und was schwierig war.

Folgende Fragen kannst du dir stellen:

- Habe ich meine gesetzten Schreibziele erreicht? Wenn nein, was hat mich gebremst?
- Was habe ich in der letzten Woche oder im letzten Monat Neues über das Schreiben gelernt?
- Welchen spezifischen Herausforderungen bin ich beim Schreiben begegnet und wie bin ich damit umgegangen?
- Auf welche Teile meines Manuskripts oder Projekts bin ich besonders stolz und warum?
- Was könnte ich an meinem Schreibprozess ändern, um effizienter zu sein?
- Welche neuen Techniken oder Tools möchte ich bei meinem nächsten Schreibprojekt testen?

Deine Sabrina

Kraft des Alleinseins

Sowohl eine Herausforderung als auch eine notwendige Bedingung für Kreativität ist das Alleinsein für Autor:innen. In der Stille des Rückzugs entfalten sich Gedanken und Stories oft am allerbesten. Es ist wichtig, diese Phasen als Chance zur Selbstreflexion und Produktivität zu nutzen und gleichzeitig Strategien zu entwickeln, um die damit verbundene Isolation zu managen. Dies kann durch gezielte Pausen, Pflege sozialer Kontakte oder körperliche Aktivitäten geschehen. So wird das Alleinsein nicht nur erträglich, sondern ein wesentlicher Bestandteil des kreativen Werdegangs, den du vielleicht sogar genießt.

Lernbereitschaft

Die besten Autor:innen bleiben immer auch Schüler:innen. Die Welt der Literatur ist im ständigen Wandel, da gibt es immer wieder neue Schreibtechniken und Perspektiven zu entdecken. Bleibe neugierig! Trage dich in Schreibworkshops ein, stöbere in Büchern über das Storytelling und schnappe dir den einen oder anderen Online-Kurs, um deine Skills laufend zu verbessern.

Offenheit für Kritik

Feedback ist ein wesentlicher Bestandteil des Schreibablaufs. Ob es von Beta-Leser:innen, Lektor:innen oder sogar von Freund:innen und Familie stammt – konstruktive Kritik trägt wesentlich zur Verbesserung deines Werkes bei. Indem du offen dafür bist, kannst du das Feedback annehmen und umsetzen, ohne es dir zu Herzen zu nehmen.

Kritzelbox

MOTIVATION UND INSPIRATION

Als Autor:in wirst du erleben, dass an manchen Tagen die Worte nur so sprudeln, während es an anderen eine echte Herausforderung sein kann, auch nur eine einzige Zeile auf Papier zu bringen. Wie hältst du die Motivation in diesen schwierigen Momenten aufrecht? Lass uns einige Geheimrezepte dafür ansehen.

AFFIRMATIONEN

Affirmationen sind kraftvolle, bestärkende Aussagen, die du regelmäßig wiederholst, um dein Unterbewusstsein positiv zu beeinflussen und deine Überzeugungen zu stärken. Als Autor:in kannst du sie nutzen, um Selbstzweifel zu bekämpfen und deine kreative Energie zu fördern.

Hier ein paar Beispiele, die du leicht in deine tägliche Routine einbauen kannst:

O Ich bin gut genug.

O Ich bin mutig. / Ich bin stark.

O Ich bin ein oder eine talentierte:r Autor:in.

O Meine Stories sind einzigartig und verdienen es, geteilt zu werden.

O Ich habe eine kraftvolle Schreibstimme und meine Worte inspirieren meine Leser:innen.

O Ich lerne täglich dazu.

O Ich bin fähig, Herausforderungen zu überwinden und meine Schreibziele zu erreichen.

O Mit jeder Seite, die ich schreibe, wächst mein Selbstvertrauen.

O Mein Schreiben verbessert sich stetig und bringt mir Freude und Erfüllung.

O Jeden Tag erreiche ich mühelos meine Schreibziele.

Du kannst dir natürlich auch deine eigenen Affirmationen zusammensammeln. Wichtig ist, dass du sie jeden Tag wiederholst, um deinen oder deine innere:n Kritiker:in zu überlisten.

VISUALISIERUNGSTECHNIKEN

Dies ist eine Technik, bei der du dir mental ein gewünschtes Ergebnis in lebhaften Details vorstellst. Für Autor:innen kann das geistige oder bildliche Darstellen von Erfolgserlebnissen – wie das erste Mal das eigene Buch in den Händen zu halten oder der Augenblick der Veröffentlichung – eine starke Inspirationsquelle sein. Hier erfährst du, wie du dieses Tool der Visualisierung effektiv nutzen kannst:

○ Setz dich in einer ruhigen Umgebung hin und schließe die Augen.

○ Stell dir vor, wie dein fertiges Buch aussieht. Sieh den Umschlag, fühle das Papier, rieche den frischen Druck.

○ Visualisiere dann, wie Leser:innen dein Buch in den Händen halten, es lesen und positiv darauf reagieren.

○ Erlebe die Gefühle des Stolzes und der Freude, die diese Bilder in dir wecken.

STORYCOACH-NOTIZ

Träume groß und trau dich die Dinge auch beim Namen zu nennen. Sage dir beispielsweise immer wieder vor: *„Ich werde eine Bestseller-Autor:in sein."* Dadurch fühlst du jetzt schon das, was später einmal zur Realität wird.

Deine Sabrina

Vielleicht hast du Lust, ein Visionboard zu gestalten? Das ist eine super kreative Möglichkeit, deine Schreibziele und Träume visuell festzuhalten.

Warum ist das wichtig?

Unser Unterbewusstsein „denkt" in Bildern, sprich: Je mehr du es mit visuellen Impulsen fütterst, die deine Wünsche und Ziele widerspiegeln, desto mehr wird dein Unterbewusstsein für dich in diese Richtung arbeiten. Wähle dir also Bilder, Zitate und Symbole aus, die deine gewünschten Erfolge repräsentieren und arrangiere sie auf einer Pinnwand (werde kreativ!) oder digital. Ein solches Board kann dir täglich als Motivation dienen und erinnert dich daran, was du erreichen möchtest. Am besten du hängst es dir in der Nähe deines Schreibplatzes auf oder stellst es dir als dein Hintergrundbild am Computer oder Smartphone ein.

INTEGRATION IN DEN ALLTAG

Um diese Techniken voll zu nutzen, integriere sie in deine tägliche Routine:

○ Beginne etwa deinen Tag mit Affirmationen, das setzt einen positiven Ton für deine Schreibsessions.

○ Nutze Visualisierungen als Pausenübung, um dich neu zu fokussieren und zu inspirieren.

○ Gestalte deinen Schreibplatz mit bildhaften Inspirationen, die deine Ziele greifbar machen – sei es ein Visionboard, ein ausgedrucktes Buchcover oder motivierende Zitate, die dich beim Schreiben antreiben.

TIPP:

Wenn du möchtest, kannst du dich auch von Pinterest inspirieren lassen – einer Plattform, auf der Nutzer:innen Bilder, Zitate und Inspirationen zu verschiedenen Themen entdecken und auf digitalen Pinnwänden sammeln und organisieren können.

SCHREIB-
ROUTINE

Jeder Schreibprozess profitiert von einer festen Routine. Dieser Grundsatz wird in zahlreichen Schreibratgebern betont, und auch ich bin fest davon überzeugt. Eine strukturierte Vorgehensweise schafft den notwendigen Raum, damit sich deine Kreativität entfalten kann, und hilft dir, deine Ideen geordnet zu Papier zu bringen. Sie bietet das Gerüst, das deine Schreibreise stützt und es dir ermöglicht, als Autor:in konsequent und zielgerichtet voranzuschreiten.

Wann ist deine ideale Schreibzeit?

O Morgens

O Mittags

O Nachmittags

O Abends

O Nachts

Welche (seelische) Unterstützung brauchst du dafür?

Beispiel: Wöchentlicher Austausch mit deiner Familie/Freund:innen/ Partner:in, Teil einer Community zu sein.

TIPP:

Trage dir die Schreibsessions wie Geschäftstermine in den Kalender ein. Vergiss nicht auf Pausen; die sind so wichtig für uns Kreative!

Welche Tools brauchst du, damit du dein Vorhaben realisieren kannst?

Beispiel: Höhenverstellbarer Tisch, neuer Laptop, neues Journal, digitale Tools.

TIPP:

Leg dir auch gleich eine Playlist auf Spotify an. Das können deine Lieblingssongs sein, oder Lieder, die du mit deinem Buch verbindest. Viele Menschen bevorzugen klassische Musik, manche werden erst zu Heavy-Metal-Musik kreativ (könnte ich beispielsweise nicht). In jedem Fall kann dir die Musik einen Schreibboost verschaffen, wenn du gerade nicht in der Laune bist zu texten.

Wo wirst du schreiben? Wie sieht das Umfeld, in dem du schreibst, aus?

Möchtest du immer am selben Ort schreiben, oder dich abwechseln? Möchtest du währenddessen Musik hören? Welches Licht brauchst du? Ist dir ein bestimmter Duft wichtig?

Wie belohnst du dich für das Schreiben?

Beispiel: Qualitätszeiten à la Spaziergang im Wald, positive Erlebnisse des Schreibens in ein leeres Gurkenglas geben und sammeln.

Kritzelbox

Wrap-up.

Mit der STORY**BASIS** legst du das Fundament für dein Schreibprojekt. Hier erkundest du dein großes „Warum" – das tiefere Motiv, das dich antreibt, deine Geschichte zu erzählen.

Dieses „Warum" wird vor allem dann wichtig, wenn du auf Herausforderungen stößt oder Zweifel aufkommen. Es dient dir als innerer Kompass, der dich auf Kurs hält und dich daran erinnert, weshalb du schreibst.

Eine hilfreiche Übung, um deinem „Warum" auf den Grund zu gehen, ist der *„Brief an dein zukünftiges Ich"*. Darin reflektierst du, warum du jetzt mit dem Schreiben begonnen hast und welche Ziele du verfolgst.

Ein ebenso entscheidender Faktor für den Erfolg ist das richtige **Mindset**. Es geht nicht nur darum, Selbstvertrauen aufzubauen, sondern auch darum, offen für Kritik und Reflexion zu bleiben. Diese innere Haltung stärkt dich nicht nur als Autor:in, sondern fördert auch deine persönliche Entwicklung – du lernst, auf deine innere Stimme zu vertrauen und dich von ihr leiten zu lassen.

Ohne eine konsequente **Schreibroutine** bleiben viele gute Ideen nur Gedankenspiele. Eine feste Routine gibt deinem kreativen Vorhaben Struktur und Raum, um sich zu entfalten.

Indem du konkrete Schreibziele definierst und feste Zeiten einplanst, stellst du sicher, dass dein kreatives Vorhaben den nötigen Raum erhält. Dieses Vorgehen gibt dir Struktur und hilft dir, kontinuierlich Fortschritte zu machen.

DIE STORY**IDEE**

DIE STORYIDEE

Jede Story nimmt ihren Anfang mit einem Funken, einer Idee, die im Kopf des oder der Autor:in zu tanzen beginnt. Vielleicht ist es die komplexe Persönlichkeit eines Charakters, ein knisternder Konflikt oder auch ein aktuelles Thema, das unbedingt aufgegriffen werden muss. In diesem Kapitel widmen wir uns genau dieser Magie, denn du lernst, wie du mit bewährten Techniken und Strategien deine flüchtigen Gedanken einfängst, deine Ideen konkretisierst, sortierst und sie weiterentwickelst. Um diesen Prozess zu unterstützen und zu bereichern zeige ich dir, wie du ChatGPT & Co. optimal einsetzt.

STORYCOACH-NOTIZ

Damit du keine deiner Einfälle verlierst, empfehle ich dir, eine STORY**LIBRARY** anzulegen. Besorge dir ein kleines Notizbüchlein oder verwende dein Smartphone, um auch unterwegs all deine Ideen zu notieren. Je umfangreicher deine Sammlung, desto größer ist deine Auswahl, wenn du einmal auf der Suche nach der passenden Story bist. Eine passende Vorlage findest du unter
🌐 https://storify.ing/storybook.

Deine Sabrina

ONLINE-VORLAGE
🌐 https://storify.ing/storybook
🔒 Passwort: Storybook.1719

TIPP:
Wiederhole die Kaffeeklatsch-Sessions so oft wie du möchtest und kannst, um die Vielfalt menschlicher Ausdrucksformen zu erkunden und die subtilen Nuancen des Alltags einzufangen. Je mehr du solche Momente sammelst, desto realistischer werden die Charaktere und Situationen in deinen Erzählungen.

Hast du dein Notizbuch griffbereit? Perfekt!
Dann kannst du dich jetzt gleich der ersten Aufgabe zuwenden:

◇ **ÜBUNG: KREATIVER KAFFEEKLATSCH**

Setze dich an einem Nachmittag deiner Wahl in dein Lieblingscafé. Beobachte die Menschen um dich herum: Ihre Interaktionen mit der Umgebung, ihr Verhalten zueinander und die Gesprächsthemen. Halte alles fest, was dir ins Auge fällt, denn du weißt nie, wann du diese Eindrücke in einer deiner nächsten Stories verwenden kannst.

Hast du nun genug Ideen gesammelt?
Dann lass uns mit der Braindump-Session fortsetzen:

BRAINDUMP

Jetzt wird es wild: Beim „Braindump" geht es darum, deine Gedanken völlig frei fließen zu lassen. Bringe deine rohen Ideen ungefiltert und wertfrei, ohne Struktur oder Logik zu Papier.

TIPP:

Du kannst diese Übung **regelmäßig** wiederholen, um eine vielfältige Palette an Ideen und Gedanken zu entwickeln. Diese Ansammlung wird dir später als wertvolle Grundlage dienen, sodass du nicht mit einem leeren Blatt beginnen musst, sondern schon einen reichen Ideenschatz hast, aus dem du schöpfen kannst.

◇ **ÜBUNG: IDEEN-SPRINTS**

Setze dir einen Timer, zum Beispiel für zehn Minuten, und notiere alles, was dir in dieser Zeit in den Sinn kommt. Das kann von potenziellen Szenen, Charaktereigenschaften, Dialogzeilen bis hin zu thematischen Fragmenten reichen, die dich inspirieren. Genauso können spezifische Dinge, wie etwa Geistergeschichten, Südtirol, Kaiserin Elisabeth, das New York der 1920er Jahre oder sogar Pumuckl darin ihren Platz finden.

◇ **ÜBUNG: DER IDEENBAUM**

Zeichne einen Baum in der Mitte des unteren Kästchens (für mehr Platz kannst du auch ein größeres Blatt Papier verwenden). Jeder Ast symbolisiert einen anderen Aspekt deiner Story, wie Charaktere, Schauplätze und Konflikte. Schreibe deine spontanen Einfälle zu jedem dieser Elemente an den entsprechenden Ästen.

ONLINE-VORLAGE
🌐 https://storify.ing/storybook
🔒 Passwort: Storybook.1719

◇ **TABELLE**

Du kannst deine ersten Ideen aus den beiden vorigen Übungen hier aufschreiben:

Ideen für den Buchtitel:	**Ideen für die Charaktere:**
Ideen für den Konflikt:	**Ideen für das Setting:**
Ideen für .... **:**	**Ideen für** .... **:**

◇ **ÜBUNG: DER „WAS-WÄRE-WENN?"-STURM**

Wenn du die vorigen Übungen abgeschlossen hast, solltest du jetzt vor einer prall gefüllten Seite sitzen – großartig! Nun kannst du deine Kreativität weiter anregen, indem du dir einige **„Was-wäre-wenn?"**-Fragen stellst:

- Was wäre, wenn dein oder deine Protagonist:in eine geheime Fähigkeit hätte?
- Was wäre, wenn die Story auf einem anderen Planeten spielen würde?
- Was wäre, wenn eine junge Frau auswandert, den Kontakt zu ihrem Seelenverwandten verliert, nur um ihn dann zum denkbar ungünstigsten Zeitpunkt zufällig wiederzutreffen? Vielleicht wäre sie dann schon in einer neuen Beziehung und muss sich nun entscheiden. Emotionales Chaos vorprogrammiert.

Solche Fragen öffnen Türen zu neuen Möglichkeiten und regen deine Vorstellungskraft an.

Versuche es einfach mal!

◇ ÜBUNG: FREEWRITING

Hier kommt noch eine spannende Übung für dich (Goldberg, 1986; Elbow, 1998). Beim Freewriting lässt du deiner Kreativität freien Lauf und schreibst ohne Pausen. Stelle einen Timer auf zehn bis fünfzehn Minuten ein und kümmere dich beim Notieren deiner Ideen nicht um Stil oder Rechtschreibung. Ziel ist es, deinen oder deine innere:n Kritiker:in kurzzeitig auszuschalten.

Tipps für erfolgreiches Freewriting:

O **Thema wählen:**

Starte mit einem bestimmten Schwerpunkt oder lass dich von spontanen Einfällen treiben.

O **In Bewegung bleiben:**

Versuche, während der gesamten Zeitspanne die Finger in Bewegung zu halten. Im schlimmsten Fall, schreibst du einfach: *„Ich weiß nicht, was ich schreiben soll",* bis dir wieder etwas einfällt.

O **Keine Zensur!**

Erlaube dir, alles zu notieren, ohne darüber nachzudenken, ob es gut oder schlecht ist. Jetzt ist nicht die Zeit für Selbstkritik oder Korrekturen!

O **Inspiration suchen:**

Wenn du gedanklich festgefahren bist, suche dir ein zufälliges Objekt in deiner Nähe und nutze es als neuen Denkanstoß.

O **Reflektion:**

Nach Ablauf des Timers, beende noch den begonnenen Gedanken und damit die Übung. Lies durch, was du geschrieben hast. Du wirst überrascht sein, welche Ideen oder Formulierungen sich herauskristallisieren, die du in deinen regulären Schreibprozess einfließen lassen kannst.

DENK DARAN:

Die Braindump-Session ist deine Chance, kreatives Chaos zu schaffen, aus dem später Ordnung und Struktur entstehen können. Nutze diesen Freiraum, um deine Kreativität voll auszuleben.

KI ZUR IDEENFINDUNG

Während dieser Phase der Ideenfindung kannst du auch künstliche Intelligenz nutzen, um neue Wege zu erkunden. Hier sind zwei Anregungen für dich zum Ausprobieren:

ChatGPT Prompt-Tipp Nummer 1:

Generiere eine Idee für eine kreative Story, die Leser:innen für lange Zeit im Kopf bleibt. Der Roman soll einen außergewöhnlichen Plot, komplexe Charaktere und überraschende Wendungen enthalten. Achte darauf, dass die Handlung originell ist und emotional berührt.

Der Roman soll für [Zielgruppe] geschrieben werden. Das Buch soll ein [Genre]-Roman sein und Themen wie [zum Beispiel Mut, Verrat, Hoffnung] behandeln.

In angehängtem PDF findest du einen Text, an dem du dich hinsichtlich des Sprachstils orientieren kannst.

Hier sind noch zusätzliche Details, die nützlich sein könnten: [Details zu Setting, Zeitperiode oder spezifische Wünsche]

Präsentiere eine kurze Zusammenfassung der Idee (maximal 250 Wörter), die den Plot, die zentralen Konflikte und die Hauptcharaktere skizziert.

ChatGPT Prompt-Tipp Nummer 2:

Entwickle die Idee für eine Geschichte über die außergewöhnliche Verbindung zwischen einem gestrandeten Astronauten und einem fremdartigen Wesen auf einem verlassenen Planeten.

Der Roman richtet sich an Leser:innen, die zugängliche, aber tiefgründige Erzählungen schätzen.

Formuliere eine prägnante Zusammenfassung der Handlung in maximal 200 Wörtern. Diese soll die zentralen Figuren, den Hauptkonflikt sowie die überraschende Wendung skizzieren.

· ·

ICH LEGE DIR ANS HERZ,
zunächst auf **deine eigene Kreativität** zu setzen, bevor du auf Tools wie ChatGPT & Co. zurückgreifst. Dein Buch sollte in erster Linie deine Handschrift tragen.

· ·

Du kannst die vorgeschlagenen Prompts jederzeit an deine persönlichen Bedürfnisse anpassen. Denk daran: Nicht jeder Prompt muss ausführlich gestaltet sein. Die zuvor beschriebenen Beispiele eignen sich vor allem **für den ersten Austausch im Chat**, da sie direkt einen klaren Rahmen und Kontext schaffen. Abhängig von der Situation und dem konkreten Anwendungsfall kannst du deine Prompts auch kürzer und prägnanter formulieren. Dies gilt besonders dann, wenn du weiterführende Fragen stellst und die KI den bestehenden Kontext im laufenden Gespräch bereits berücksichtigt.

Damit nähern wir uns dem Ende unserer Braindump-Session.
Zum Abschluss möchte ich, dass du noch einmal kurz innehältst.
Hast du wirklich alles bedacht? Nimm dir einen Moment für diese kurze Checkliste:

War deine Braindump-Session erfolgreich?
○ Hast du dir ungestört Zeit genommen, um frei zu schreiben?
○ Warst du wirklich offen für all deine Gedanken, die du zu Papier gebracht hast? Oder hast du manche Ideen abgetan, weil sie dir nicht gut genug erschienen?
○ Bist du auf neue, kreative Ansätze gestoßen, die deine Story bereichern könnten?
○ Hast du die verschiedenen Elemente deiner Geschichte berücksichtigt? Dazu zählen das Setting, Szenen, Charaktere, Dialoge und zentrale Themen.
○ Gab es Ideen, die dich selbst überrascht haben? Sind dabei unerwartete Wendungen oder Charakterzüge aufgetaucht, die besonders spannend waren?
○ Fühlst du eine starke, persönliche Verbindung zu bestimmten Ideen? Welche Themen sind dir besonders wichtig?
○ Sind während der Braindump-Session Fragen aufgekommen, die zusätzliche Recherchen oder Überlegungen erfordern?
○ Hast du am Ende deine Notizen durchgesehen, um wiederkehrende Themen oder außergewöhnlich spannende Ideen herauszufiltern?

Durch diesen kleinen Review stellst du sicher, dass du das Beste aus deiner Braindump-Session herausgeholt hast.

IDEEN
SORTIEREN

Auch wenn ein bisschen Chaos seinen eigenen Reiz hat und im kreativen Prozess vollkommen okay ist, ist es jetzt an der Zeit, deine ersten, rohen Ideen aus der Brainstorming-Session zu ordnen und zu strukturieren. Dafür sind nun einige Aufgaben vorgesehen. Also, lass uns die Ärmel hochkrempeln und loslegen!

◇ **ÜBUNG: DIE „ALLES-IST-MÖGLICH"-BOX**

SCHRITT 1

Inspiriert von deiner Braindump-Session, lege jetzt eine **Liste mit mindestens 20 Ideen** an, die du dir lebhaft in deiner Story vorstellen kannst. Nutze die Freiheit und die kreativen Ansätze, die du während des Braindumpings entwickelt hast, und skizziere, wie diese Einfälle in deiner Geschichte zum Leben erweckt werden könnten.

SCHRITT 2

Wow, coole Liste, die du da erstellt hast! Jetzt geht es darum, eine Auswahl zu treffen. Gehe deine Sammlung durch und markiere jene Punkte, die dir besonders wichtig sind. Diese Markierung hilft dir, die Spreu vom Weizen zu trennen und deinen Fokus zu schärfen.

SCHRITT 3

Notiere die **Top 5** STORY**IDEEN**, die du als Grundpfeiler deiner Handlung siehst.

STORY**IDEE** Nummer 1:
....

STORY**IDEE** Nummer 2:
....

STORY**IDEE** Nummer 3:
....

STORY**IDEE** Nummer 4:
....

STORY**IDEE** Nummer 5:
....

SCHRITT 4

Lass uns jetzt konkret werden und Prioritäten setzen. Was sind deine **Top 3** STORY**IDEEN**? Skizziere sie kurz mit mehr Details.

STORY**IDEEN Nummer 1**.

ONLINE-VORLAGE
🌐 https://storify.ing/storybook
🔒 Passwort: Storybook.1719

STORYIDEEN Nummer 2

STORYIDEEN Nummer 3

ONLINE-VORLAGE
🌐 https://storify.ing/storybook
🔒 Passwort: Storybook.1719

Falls du Schwierigkeiten hast, deine **Top 3** STORY**IDEEN** auszuwählen oder einfach noch mehr Inspiration brauchst, findest du im Internet viele Ideen-Generatoren (siehe auch Kapitel „**Bonusmaterial**"). Damit kannst du entweder deine eigenen Konzepte eingeben und weiterverfolgen, oder dich vom Zufall überraschen lassen.

KI ZUR KONKRETISIERUNG DEINER IDEEN

Alternativ zu den Ideen-Generatoren kannst du auch auf ChatGPT zurückgreifen, um entweder deine Visionen noch konkreter auszuarbeiten, oder dich für eine Überlegung zu entscheiden. Für letzteren Punkt, könnte ein Prompt wie folgt aussehen:

ChatGPT Prompt-Tipp:

Bitte unterstütze mich dabei, aus drei möglichen Romanideen die passende auszuwählen, indem du mir gezielte Fragen vorschlägst, die dabei helfen, die zentrale Botschaft und Vision des Buchs herauszuarbeiten.

Die drei Romanideen sind:
  (1) [eine Zeitreisegeschichte, die die Vergangenheit mit der Zukunft verbindet],
  (2) [eine intensive Liebesgeschichte, die sich um verbotene Beziehungen dreht] und
  (3) [ein Fantasy-Abenteuer, das in einer Welt voller Magie und Intrigen spielt]

Welche Überlegungen könnte ich anstellen, um zu erkennen, welche dieser Ideen die Botschaft am besten transportiert, die ich vermitteln möchte? Wie könnte ich meine Wahl anhand dieser Reflexion klar begründen? [Botschaft]

Möglicherweise möchtest du aber „verborgene" Zusammenhänge auf-
decken und alle **drei** STORY**IDEEN** in ein schlüssiges Gesamtkonzept
formen. Dann könntest du ChatGPT mit diesem Prompt füttern:

ChatGPT Prompt-Tipp:

```
Hilf mir bitte dabei, Verbindungen zwischen mei-
nen Ideen zu schaffen, sodass sie in einem [Genre-]
Roman integriert werden können. Entwickle ein kohä-
rentes Narrativ, das die genannten Elemente zu einer
spannenden Geschichte zusammenführt. Dabei sollst du
den zentralen Konflikt der Handlung und den emotio-
nalen Entwicklungsbogen der Hauptfigur ausarbeiten.

Meine Ansätze sind:
   (1) [Idee 1, zum Beispiel Zeitreisen],
   (2) [Idee 2, zum Beispiel eine verbotene
       [Liebesgeschichte] und
   (3) [Idee 3, zum Beispiel ein altes
       Familiengeheimnis].

Welches Narrativ kann mit diesen
Elementen entwickelt werden?

Bitte entwickle:
   (1) Eine kurze Zusammenfassung
       der Handlung in 3-5 Sätzen.
   (2) Den Hauptkonflikt der Geschichte.
   (3) Den emotionalen Entwicklungsbogen
       der Hauptfigur, mit Details zu ihrem Aus-
       gangszustand, den Hindernissen, die sie be-
       wältigen muss, und ihrer inneren Veränderung.
```

Die zentrale Idee

Was ist nun dein Favorit?

Deine STORY**IDEE**

Kritzelbox

DREI
KERNTHESEN

Betrachten wir nun die verschiedenen Aspekte der zentralen Idee, damit wir daraus ableiten können, welche drei Hauptbotschaften beziehungsweise Kernthesen du deinen Leser:innen vermitteln möchtest. Um das etwas besser zu veranschaulichen, habe ich dir ein Beispiel mitgebracht:

STORY**IDEE**:

Mia ist in einer glücklichen Beziehung, als plötzlich ihr Seelenverwandter aus der Vergangenheit wieder vor ihr steht und sie eine schwere Entscheidung treffen muss.

STORY**THESE** Nummer 1:

Die Komplexität der Liebe und Beziehungen
Liebe entfaltet sich in vielen Schichten und bietet selten klare Lösungen. Mia steht vor der Herausforderung, ihre gegenwärtige Beziehung aufrechtzuerhalten, während sie sich gleichzeitig mit den emotionalen Bindungen aus der Vergangenheit auseinandersetzt. Durch ihre Erfahrungen erkennen die Leser:innen, dass Liebe in vielen Schattierungen existiert und selten klare Lösungen bietet.

STORY**THESE** Nummer 2:

Selbstentdeckung und Authentizität
Mias Reise zwingt sie, sich selbst zu hinterfragen und ihre eigenen Wünsche und Bedürfnisse zu verstehen. Sie muss ihre Authentizität erkennen und ehrlich zu sich selbst sein, um eine Entscheidung zu treffen, die im Einklang mit ihrem wahren Selbst steht. Die Botschaft ist: Bleib dir selbst treu, auch wenn es schwierig ist.

STORY**THESE** Nummer 3:

Wachstum durch Entscheidungen
Jede Wahl, die Mia trifft, hat Auswirkungen auf ihr Leben und die Menschen um sie herum. Die Art und Weise, wie sie mit dieser komplexen Situation umgeht, wird ihren Charakter und ihre Beziehungen formen. Die Leser:innen erkennen, dass Entscheidungen Schlüsselmomente in unserem Leben sind, die uns formen und voranbringen, und dass Wachstum oft aus den kniffligsten Entschlüssen entsteht.

◇ **JETZT DU**

Was sind die drei Kernthesen deiner zentralen Idee?

STORY**THESE NUMMER 1**

....
....
....
....
....

STORY**THESE NUMMER 2**

....
....
....
....
....

STORY**THESE NUMMER 3**

....
....
....
....
....

KI ZUR BILDUNG DEINER KERNTHESEN

Nachdem du deine ersten Überlegungen zu den Kernthesen gemacht hast, lass dich durch ChatGPT weiter inspirieren:

ChatGPT Prompt-Tipp:

```
Analysiere die folgende Idee und leite daraus drei
mögliche Kernthesen ab, die die Grundlage für den
Roman bilden könnten.

Meine Idee:
[Idee]

Gib drei mögliche Kernthesen aus, die:

   (1) Den zentralen Konflikt oder die Hauptbot-
       schaft der Geschichte auf den Punkt bringen.
   (2) Thematische Tiefe und kreative Ansätze bie-
       ten.
   (3) Flexibel genug sind, um unterschiedliche nar-
       rative Entwicklungen zu ermöglichen.
```

PRÄMISSE

Die Prämisse ist der Kern deiner Story in nur einem
Satz zusammengefasst - eine echte Herausforderung!
Doch genau hier beginnt die Erzählkunst: Es geht
darum, die Essenz deiner Geschichte klar und prägnant auf den Punkt zu bringen:

Ein zentrales Ereignis, das die Handlung in Gang setzt, tiefe Einblicke in die Persönlichkeit deiner Charaktere bietet und einen Hinweis auf das Ende deiner Erzählung gibt. Die Prämisse dient nicht nur als Basis deiner Story, sondern trägt auch die zentrale Botschaft, beleuchtet die Haupt-motivationen und bestimmt letztlich das Schicksal der Figuren.

Eine überzeugende Prämisse wirkt wie ein Kompass beim Schreib-prozess und ermöglicht dir, spannende und stimmige Handlungsstränge zu entwickeln (Truby, 2007).

Hier sind drei Beispiele als Orientierungshilfe für dich:

O Mia ist in einer glücklichen Beziehung, als plötzlich ihr Seelenver-wandter aus der Vergangenheit wieder vor ihr steht und sie eine Ent-scheidung treffen muss.
  Zwei Welten, ein Herz, Sabrina Jordak

O Der jüngste Sohn einer Mafiafamilie rächt das Attentat auf seinen Vater und wird der neue Pate.
  Der Pate, Mario Puzo – eigene Zusammenfassung

O Ein hartgesottener, amerikanischer Exilant trifft seine alte Flamme wieder und opfert seine Liebe, um gegen die Nazis zu kämpfen.
  Casablanca, Michael Curtiz – eigene Zusammenfassung

WARUM EINE PRÄMISSE SO WICHTIG IST

Verlage und Agenturen suchen nach einer Prämisse, die das Publikum neugierig macht – ein „**High Concept**", das zum sofortigen Kauf des Buches verleitet. Doch die Prämisse ist weit mehr: Sie dient dir als In-spiration und Wegweiser, der dich durch die Höhen und Tiefen des Schreibprozesses navigiert. Dabei fordert sie von dir eine Entscheidung, denn eine Idee zu wählen bedeutet viele andere unberührt und nicht ausgearbeitet zu lassen. Wir sollten uns aber nicht zu früh festlegen, sondern zunächst eine breite Palette an Prämissen zusammenstellen. Dafür lade ich dich zur nächsten Aufgabe „**Wir bauen eine Prämisse**" ein, die vollständig auf den Vorschlägen von Truby (2007, S. 19) basiert.

◇ **ÜBUNG: WIR BAUEN DEINE PRÄMISSE**

SCHRITT 1: PRÄMISSENLISTE

Nimm das erste Blatt Papier zur Hand und notiere so viele Prämissen wie möglich – egal ob fünf, zwanzig oder sogar mehr. Fasse jede in einem prägnanten Satz zusammen. Dies fördert deine Genauigkeit und verschafft dir einen klaren Überblick deiner Gedanken.

VORBEREITUNG:
Für diese Übung benötigst du zwei Blätter Papier, um dir den Verlauf zu erleichtern.

SCHRITT 2: WUNSCHLISTE

Jetzt erstellen wir auf dem zweiten Blatt Papier noch eine Liste unserer Wunschvorstellungen. Alles, was du dir für dein Buch erträumst – von Charakteren über Plot Twists, Dialogen, bis hin zu Themen und Genres – soll hier seinen Platz finden. Halte dich nicht zurück und erlaube deiner Kreativität, sich vollkommen frei zu entfalten.

SCHRITT 3: ZUSAMMENFÜHRUNG UND FINALE PRÄMISSE

Lege deine Prämissenliste und deine Wunschliste nebeneinander und suche nach Mustern. Markiere sie. Die wiederholenden Elemente zeigen dir nämlich, was dir besonders wichtig ist. Damit bist du jetzt bereit, die Prämisse für deine Story zu formulieren:

Deine STORYPRÄMISSE

Sehr gut! Wie kann diese Prämisse jetzt die Struktur, den Stil und den Inhalt der Story prägen? Dabei wird uns das Designing Principle im **nächsten Abschnitt** helfen.

DESIGNING
PRINCIPLE

Das Designing Principle (deutsch: Gestaltungs-
prinzip) dient dir als kreativer Leitfaden für
die gesamte Struktur und Ausgestaltung deiner
Erzählung. Es ist der Prozess oder die „interne"
Logik deiner Story, der sicherstellt, dass alle
Elemente harmonisch miteinander verknüpft sind
und deiner Grundidee treu bleiben.

Es geht jetzt darum, die Prämisse durch sorgfältige Planung und innovative
Darstellung so zu entwickeln, dass sie nicht nur inhaltlich überzeugt,
sondern auch in ihrer Präsentation heraussticht. Sprich: Wir fügen eine
neue Bedeutungsebene hinzu, die der Geschichte Originalität verleiht.

Designing Principle = Erzählprozess + originelle Umsetzung
Dieses Konzept, bei dem der Erzählprozess mit einer originellen Umsetzung kombiniert wird, basiert auf den Ansätzen von Truby (2007, S.
25) – sehen wir uns das am besten anhand eines Beispiels an:

Der Pate:
O **Prämisse:** Der jüngste Sohn einer Mafiafamilie rächt das Attentat auf
   seinen Vater und wird der neue Pate.
O **Designing Principle:** Anwendung der klassischen Märchenstrategie,
   um zu zeigen, wie der jüngste von drei Söhnen zum neuen „König"
   wird.

Durch dieses Konzept hebt sich die Story von typischen Mafia- oder
Rachegeschichten ab und verleiht ihr einen beinahe legendären
Charakter. Das Märchen selbst dient als strukturelles Gerüst und ermöglicht spannende Parallelen zwischen der Originalgeschichte und
ihrer modernen Neuerzählung.

◇ **ÜBUNG: DEIN DESIGNING PRINCIPLE**

Entwickle nun das Designing Principle deiner STORY**IDEE**. Dabei geht es darum, einen tieferen Prozess oder eine einzigartige Form zu beschreiben, in der sich deine Schilderung entfalten wird.

◇ **ANLEITUNG**

- Kehre gedanklich zur zentralen Idee deiner Story zurück. Was möchtest du deinen Leser:innen weitergeben?
- Überlege, welche Prozesse oder Themen du in deiner Story erkunden möchtest. Wie spiegeln sich diese in den Charakteren, dem Setting oder der Handlung wider?
- Was macht deine Geschichte anders als andere? Betrachte, wie du die erzählten Ereignisse, Charakterentwicklungen oder die Beschreibung der Welt gestalten möchtest, um deine Story **einzigartig** zu machen.
- Fasse deine Überlegungen **in einem Satz** zusammen, der das Designing Principle beschreibt. Dieser Satz sollte aufzeigen, wie sich die tieferen Prozesse oder Formen im Handlungsverlauf auf eine außergewöhnliche und kreative Weise entfalten werden.

◇ **NOCH EIN HILFSBEISPIEL**

Wenn sich deine Story um einen jungen Detektiv dreht, der übernatürliche Fälle in einem historischen Setting löst, könnte dein Designing Principle lauten: *„Durch das Lösen übernatürlicher Rätsel in einer historisch nachgebildeten Welt lernt ein junger Detektiv, dass wahre Gerechtigkeit oft die Konfrontation mit den eigenen Dämonen erfordert."*

Platz für deine Überlegungen

KI FÜR DEIN DESIGNING PRINCIPLE

Hier ist ein möglicher ChatGPT Prompt, falls du bei dieser Aufgabe KI-Hilfe benötigst:

ChatGPT Prompt-Tipp:

Entwickle ein prägnantes Designing Principle, das die Prämisse, die zentralen Themen und die einzigartigen Aspekte der folgenden Geschichte miteinander verbindet und als kreativer Leitfaden für den Schreibprozess dient:

(1) Prämisse: [Prämisse]
(2) Themen: [Die gewünschten Themen, zum Beispiel Identität, Vergebung, Macht]
(3) Besondere Aspekte: [Einzigartige Erzählansätze oder stilistische Merkmale, zum Beispiel multiple Perspektiven, nicht-lineare Handlung, poetische Sprache]

Formuliere ein Designing Principle, das:

(1) Die zentrale Idee der Geschichte auf den Punkt bringt.
(2) Die thematische Tiefe und die einzigartigen Aspekte der Erzählung reflektiert.
(3) Eine klare und inspirierende Grundlage für den Schreibprozess bietet.

Na, wie lautet dein Endergebnis?

Wrap-up

Deine Story beginnt immer mit einem Funken, einer ersten Idee. Ob es die tiefe Charakterzeichnung, ein intensiver Konflikt oder ein drängendes zeitgenössisches Thema ist, all diese Anfänge können zu einem reichhaltigen Strom an Einfällen heranwachsen. Diese Gedanken gilt es zu präzisieren, zu ordnen und weiterzuentwickeln.

Im Verlauf des Kapitels hast du verschiedene Techniken kennengelernt, wie du deine Gedanken einfangen und systematisch ausarbeiten kannst. Von der Erstellung deiner persönlichen STORY**LIBRARY** für spontane Einfälle bis hin zu gezielten Beobachtungen im Café – all das dient dazu, deine narrative Welt zu bereichern. Die intensive **Braindump-Session** hilft dir, selbst die wildesten Ideen ungefiltert festzuhalten und für deine Story nutzbar zu machen.

Am Ende dieses kreativen Prozesses steht die Herausforderung, all deine gesammelten Einfälle in eine zentrale **Prämisse** zu verdichten. Dieser Leitsatz bildet das Herzstück deiner Erzählung und gibt der Handlung eine klare Richtung.

Auf dieser Basis entwickelst du deine **Kernthesen** – die drei Hauptbotschaften, die deine Geschichte vermitteln soll. Diese Thesen sind die zentralen Ideen, die sich durch den gesamten Plot ziehen und den Leser:innen eine tiefere Botschaft vermitteln. Sie helfen dir, den Fokus deiner Story zu schärfen und sicherzustellen, dass jede Szene und jeder Dialog deinen thematischen Zielen dienen.

Mit einer gut formulierten Prämisse und klaren Kernthesen bildest du dein **Designing Principle**. Damit stellst du sicher, dass alle Elemente deiner Story harmonisch miteinander verknüpft und originell sind sowie deiner Grundidee treu bleiben.

DIE STORY**PLANUNG**

DIE STORY-
PLANUNG

Mit einer soliden STORY**BASIS** und vielen STORY-
IDEEN im Gepäck, ist es nun an der Zeit, aus deinem kreativen Chaos einen strukturierten Fahrplan
für dein Buch zu gestalten. Beginnen wir also
nun, die wichtigsten Elemente deiner Story fest-
zulegen - von den zentralen Wendepunkten über die
Entwicklung deiner Charaktere bis hin zur Ausarbeitung der wichtigsten Szenen. In dieser Phase
formst du aus einer losen Sammlung an Einfällen
eine stimmige Erzählung mit klarem roten Faden.
Du entscheidest, welche Aspekte im Vordergrund
stehen und wie sie geschickt verknüpft werden,
um deine Kernthesen in der Handlung zu verankern.

WICHTIG:

Es geht nicht darum, eine starre
Checkliste zu bauen, an die du dich
verbissen klammerst. Der Punkt
ist, offen und anpassungsfähig für
all die unerwarteten Wendungen
und brillanten Ideen zu bleiben, die
dir während des Schreibprozesses
begegnen (werden).

Sieh es wie bei einer Schatzkarte, die dich zwar in die richtige Richtung
weist, aber auch genügend Spielraum für spontane Entdeckungstouren
und versteckte Pfade lässt. Denn oft sind es gerade diese unvorher-
gesehenen Abzweigungen, die deiner Story den wahren Glanz verleihen.
Also, während wir unsere Karten skizzieren, bleiben wir immer wach-
sam für das Unerwartete – es könnte nämlich deine Story in Richtungen
lenken, die du dir in deinen kühnsten Träumen nicht vorgestellt hättest.

WAS IST DEIN ZIEL?

Auch wenn dein Schreibprozess flexibel bleiben sollte, ist es dennoch wichtig, ein klares Ziel vor Augen zu haben. Bevor du loslegst, definieren wir den Kern deines Buchprojekts: Welche Botschaft möchtest du vermitteln? Soll deine Geschichte inspirieren, unterhalten oder Wissen vermitteln? Und in welchem Genre fühlst du dich zu Hause?

STORYCOACH-NOTIZ

Denk groß und traue dich, deine Träume in konkrete Vorhaben zu verwandeln. Wähle Vorsätze, die dich um 05:00 Uhr morgens voller Energie aufwachen und abends mit einem Glücksgefühl zur Ruhe kommen lassen. Sobald du deine Ziele deutlich benennst, hast du bereits den entscheidenden ersten Schritt gemacht, um sie zu verwirklichen.

Deine Sabrina

◇ ÜBUNG: DAS ZIEL DEINES BUCHPROJEKTES

Lass uns nun die Absichten für dein Buchprojekt klar und übersichtlich definieren. Gemeinsam werden wir jetzt ein Zielformular ausfüllen, das als solide Grundlage für dein Schreibvorhaben dient. Dieses Formular bietet nicht nur Orientierung, sondern dient auch als ständige Motivationsquelle, um Schritt für Schritt voranzukommen (Jonas, 2023, S. 33).

◇ SO GEHT'S: SIEHE TABELLE

Romantitel	Solltest du dich noch für keinen Titel entschieden haben, gib deinem Projekt doch einfach einen vorläufigen Namen, der das Thema oder die Hauptidee gut widerspiegelt. Springe zu Abschnitt *„Welchen Titel soll dein Buch tragen?"* und mache gerne dort die Übungen.	
Genre(s)	Jedes Genre folgt bestimmten Konventionen und hat eine etablierte Leser:innengruppe mit klaren Erwartungen. Notiere also die Kategorie, die am besten zu deiner Story passt (zum Beispiel Fantasy, Krimi, Liebesroman). Im Kapitel **„Bonusmaterial"** findest du einen Überblick über die beliebtesten Genres.	
Warum schreibst du dieses Buch?	Diese Aufgabe hast du bereits im vorigen Kapitel bearbeitet; übertrage deine Ergebnisse einfach hierher.	
Welche Botschaft oder welche Erkenntnisse möchtest du deinen Leser:innen vermitteln?	Schreibe es zuerst einmal nur grob auf, wir behandeln das Thema nachher ausführlicher.	
Wie sollen sich dein oder deine Leser:innen nach dem Beenden des Buches fühlen oder verhalten?	Welche Emotionen sollen deine Story bei den Leser:innen auslösen? Sollen sie sich inspiriert, ermutigt, bewegt oder nachdenklich fühlen? Möchtest du, dass sie darüber reflektieren und ihre eigenen Schlüsse ziehen?	
Warum braucht die Welt dieses Buch? Was kannst du damit bewirken?	Überlege, welchen einzigartigen Wert dein Buch der Welt bieten kann. Dein Buch könnte neue Perspektiven eröffnen, gesellschaftliche Diskussionen anstoßen oder dem oder der Leser:in helfen, sich selbst besser zu verstehen.	**Ich helfe meinen Leser:innen dabei:**

Du hast jetzt ein starkes „Warum" und konkrete **Ziele**. Damit du sie auch stets im Blick behältst, empfehle ich dir beides gut sichtbar an deinem Schreibplatz aufzustellen. Sieh es als die berühmt berüchtigte *Karotte vor deiner Nase*, die dich zum Weitermachen ermutigt. **Wir wollen diese Karotte!**

Oh, ist dir auch gerade aufgefallen, dass wir die meiste Zeit deine Leser:innen erwähnen, aber noch gar nicht wissen, wer sie eigentlich genau sind? Für wen schreibst du dein Buch? Das beantworten wir sofort mit einer Zielgruppendefinition.

WER IST DEINE
ZIELGRUPPE?

„Es ist ein bisschen etwas für jede:n dabei." –
klingt das vielleicht nach der Zielgruppe, die du
gerade im Kopf hattest? Dann muss ich dir leider
sagen: ALLE sind nicht deine Leser:innen, denn
KEIN Buch ist für jede:n.

Ich muss zugeben, ich bin auch einmal kurz in diese Falle getappt, denn ich dachte, meine Story würde universell jede:n ansprechen. Schnell habe ich allerdings gemerkt, dass egal wie fantastisch mein Buch auch ist, es wird nicht jeder Person gefallen. Nicht jede:r wird daran interessiert sein. Das ist auch vollkommen in Ordnung.

Denn das ist nicht deine Zielgruppe: die ganze Welt.

Ein Buch, das für „jede:n" ist, spricht am Ende auch niemanden so richtig an. Im Gegenteil, der Versuch, es allen recht zu machen, kann deinem Buch sogar massiv schaden.

Stattdessen solltest du deine idealen Leser:innen identifizieren, für die deine Story maßgeschneidert ist. Je präziser du diese Zielgruppe benennen kannst, desto fokussierter und resonanter wird auch deine Schreibarbeit sein. Während des Schreibprozesses wird dieser *„Leucht-turm"* dir immer wieder als Orientierung dienen und dich auf Kurs halten. Das ist also dein Schlüssel zum Erfolg.

Sehen wir uns nun an, wie du eine Zielgruppenbeschreibung für dein Buch formulierst.

Gute Beispiele für Zielgruppenbeschreibungen:

✓ Für einen Fantasyroman:

Junge Erwachsene zwischen 18 und 25 Jahren, die sich für magische Welten mit komplexen politischen Systemen und tiefgründigen Charakterentwicklungen begeistern. Diese Leser:innen lieben es, in Stories einzutauchen, die moralische Grauzonen erkunden und die Grenzen zwischen Gut und Böse verschwimmen lassen.

✓ Für einen Kriminalroman:

Liebhaber:innen von Rätseln und Geheimnissen im Alter von 30 bis 50 Jahren, die nach Büchern mit psychologischer Tiefe und komplett unerwarteten Wendungen suchen. Sie bevorzugen Geschichten, die sie bis zur letzten Seite im Dunkeln tappen lassen und mit ihrem Scharfsinn und ihrer Detailgenauigkeit in den Bann ziehen.

✓ Für einen Liebesroman:

Frauen zwischen 20 und 40 Jahren, die echte Liebesgeschichten mit Tiefgang suchen – voller Herausforderungen, Entscheidungen und persönlichem Wachstum. Sie schätzen inspirierende Charakterentwicklungen und realistische Beziehungen, die Herzschmerz und Hoffnung gleichermaßen einfangen.

Schlechte Beispiele für Zielgruppenbeschreibungen:

✗ Für einen Fantasyroman:

Junge Erwachsene, die gerne von magischen Welten träumen.

✗ Für einen Kriminalroman:

Menschen, die sich gerne Krimiserien im Fernsehen ansehen.

✗ Für einen Liebesroman:

Junge Frauen und Männer, die schon einmal verliebt waren und nach der Liebe des Lebens suchen.

> *ALLE sind nicht deine Leser:innen, denn KEIN Buch ist für jede:n.*

Jetzt bist du dran:

ONLINE-VORLAGE
🌐 https://storify.ing/storybook
🔒 Passwort: Storybook.1719

◇ **ÜBUNG: ERSTELLE DEIN LESER:INNENPROFIL**

Vor- und Nachname:	
Geschlecht:	
Alter:	
Wohnort/-land:	
Bildungsniveau:	
Beruf:	
Einkommen:	
Sozialer Status:	
Politische Einstellung:	
Ziele und Träume: • Welche Ziele hat dein oder deine Leser:in für sein oder ihr Leben? • Welche Träume oder Aspirationen verfolgt er oder sie? • Was möchten er oder sie an sich oder seinem oder ihrem Leben ändern?	
Ängste: • Wovor hat er oder sie am meisten Angst? • Was hält ihn oder sie davon ab, den nächsten Schritt zu machen?	
Was sind die Meinungen über... Politik, Gesundheit, Preis-/Leistungsverhältnis, Qualität über Preis et cetera	
Welche Hobbies hat dein oder deine Leser:in? Filme/TV Shows, Sport, andere Freizeitaktivitäten	
Welche Büchervorlieben gibt es?	
Welches Genre liest er oder sie gerne?	

Lesegewohnheiten:
- Lesefrequenz (täglich/wöchentlich/monatlich)
- Vorlieben für physische/digitale
  Bücher

Probleme & Herausforderungen:
- Was sind die aktuellen Herausforderungen oder Probleme
  deines oder deiner idealen Leser:in?
- Welche Fragen könnte er oder sie durch das Lesen deines
  Buches beantworten?

Motivation:
- Warum würde er oder sie dein Buch lesen? (auf der Suche
  nach konkreten Lösungen, Zeitvertreib, Bildung)
- Welchen Nutzen erwartet er oder sie?
- Welche Emotionen möchte er oder sie durch das Lesen
  deines Buches erleben?

Ähnliche Bücher:
- Warum wäre er oder sie unzufrieden mit deinen
  Wettbewerber:innen?

Kaufverhalten:
- Wie oft kauft er oder sie Bücher? Eher sporadisch oder
  regelmäßig?
- Was beeinflusst die Kaufentscheidung? (Rezensionen, per-
  sönliche Empfehlungen, Social Media)
- Was könnte deinen oder deine Leser:in davon abhalten dein
  Buch zu kaufen? (Preisempfindlichkeit, Unsicherheit durch
  fehlende Rezensionen et cetera)
- Welchen Einfluss haben „Influencer" auf die Kaufentschei-
  dung?
- Welche Plattformen nutzt er oder sie, um Bücher zu kaufen?
  (Buchhandlung, Amazon)

Kommunikationspräferenzen:
- Welche Kommunikationskanäle nutzt er oder sie?
- Über welchen Kanal möchte er oder sie über (neue) Bücher
  informiert werden?
- In welchem Ton bevorzugt er oder sie die Kommunikation?
  (formell, informell)

Mit diesen Informationen solltest du ein gutes Bild über deine VIP-Leser:in haben, richtig? Dann lass uns doch noch ein **Kurzprofil** für deinen oder deine ideale:n Leser:in schreiben.

Beispiel:

Anna Meier, 35, ist Marketingmanagerin in Berlin mit einem Master in Betriebswirtschaftslehre. Sie verdient 60.000 Euro jährlich und legt Wert auf Integrität, Ehrgeiz, Kreativität und Unabhängigkeit. Annas Hobbies sind Lesen, Yoga, Wandern, Reisen und Kochen, ihre Interessen umfassen Persönlichkeitsentwicklung, Nachhaltigkeit, Technologie und Kunst.

Anna strebt nach beruflichem Aufstieg und träumt davon, ein nachhaltiges Unternehmen zu gründen. Sie möchte eine bessere Work-Life-Balance finden und Stress abbauen. Ihre größte Angst ist das Scheitern, und finanzielle Unsicherheit hält sie davon ab, ihr eigenes Unternehmen zu gründen.

Annas aktuelle Herausforderungen sind Zeitmanagement und beruflicher Druck. Sie sucht nach Wegen zur Stressbewältigung und persönlicher Entwicklung. Dein Buch könnte ihr praktische Tipps zur Work-Life-Balance, Unternehmensgründung und Stressbewältigung bieten.
Anna liest täglich, bevorzugt Taschenbücher und mag Sachbücher, Persönlichkeitsentwicklung, Biografien und zeitgenössische Romane. Dein Buch würde sie inspirieren, motivieren und mit praktischen Ratschlägen unterstützen.

Anna informiert sich über Social Media (Facebook, Instagram, YouTube), Newsletter und Online-Events. Sie teilt Informationen hauptsächlich über diese Kanäle und bevorzugt eine informelle Kommunikation über dein Buch.

Wenn du deine Vorstellung noch weiter vertiefen möchtest, könntest du auch deren Erscheinungsbild genauer definieren. Dazu kannst du entweder im Internet nach passenden Bildern suchen – achte hierbei unbedingt auf die Lizenzrechte! – oder du nutzt die Möglichkeit, mit künstlicher Intelligenz eine völlig „neue" Person zu kreieren. Im nachfolgenden Abschnitt erkläre ich dir das genauer.

Viel Spaß!

KI FÜR DEINE ZIELGRUPPE

Hast du Lust, deine Zielgruppe selbst zu gestalten? Das gelingt besonders eindrucksvoll mit „DALL-E", einem fortschrittlichen Tool zur Bildgenerierung. Mit „DALL-E" kannst du nicht nur realistische, sondern auch fantasievolle Bilder erschaffen, die genau zu deinem Buchprojekt passen.

So geht's:

○ Melde dich auf 🌐 *https://chatgpt.com* an.

○ Nach der Anmeldung findest du auf der linken Menüleiste die Option „Explore GPTs". Klicke darauf und suche dann im Suchfeld nach „DALL-E".

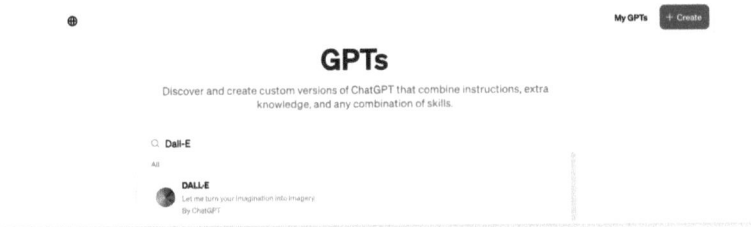

○ Nach der Auswahl solltest du „DALL-E" nun auch auf der linken Menüseite sichtbar sein.

○ Gib einen detaillierten Beschreibungstext ein, um zu spezifizieren, was genau das Bild darstellen soll. Probiere es doch einmal mit diesen beiden Prompts:

ChatGPT Prompt-Tipp Nummer 1:

```
Erstelle ein Bild einer jungen Frau, Mitte 30, die
in einem lebhaften Café sitzt und ein Buch liest.
Sie hat lockiges braunes Haar, trägt eine Brille und
ein lässiges, modernes Outfit.

Das Café ist geschmackvoll eingerichtet, mit moder-
nen Kunstwerken an den Wänden, zahlreichen grünen
Pflanzen und einer gemütlichen Atmosphäre. Die Szene
soll warm und einladend wirken, mit Tageslicht, das
durch große Fenster fällt, und lebendigen Details
wie einer Tasse Kaffee auf ihrem Tisch.

Der Stil sollte realistisch sein, aber mit einem
subtilen Hauch von impressionistischer Kunst, der
durch weiche Lichtakzente und feine Pinselstriche
hervorgehoben wird.
```

ChatGPT Prompt-Tipp Nummer 2:

```
Erstelle mir bitte ein realistisches Porträt basie-
rend auf der folgenden Beschreibung:
   (1) Name: [Name]
   (2) Alter: [Alter]
   (3) Beruf: [Beruf]
   (4) Hobbies: [Hobbies]
   (5) Besondere Merkmale: [Haarfarbe, Frisur,
       Kleidung, Brille, etc.]

Der Stil des Porträts soll realistisch sein, mit
detaillierten Merkmalen und einem natürlichen Aus-
druck.

Der Hintergrund muss vollständig transparent sein,
ohne Text, Symbole oder andere grafische Elemente.
```

O Nachdem du deinen Prompt eingegeben hast, starte den Prozess. „DALL-E" wird das Bild basierend auf deinen Vorgaben erstellen.

Dieses Ergebnis habe ich erzielt – darf ich vorstellen?
O Anna Meier
O 35 Jahre alt
O Marketingmanagerin
O Berlin / Deutschland

O Jetzt überprüfe das generierte Bild. Wenn nötig, kannst du Änderungen vornehmen oder einen neuen Prompt versuchen, um das gewünschte Ergebnis zu erzielen. Vielleicht entscheidest du dich ja doch für eine andere Augen- oder Haarfarbe? Lass deiner Kreativität freien Lauf – es macht Spaß, versprochen!

Entspricht alles deinen Vorstellungen, dann empfehle ich dir, es auszudrucken und idealerweise neben deinen Zielen bei deinem Schreibplatz aufzuhängen. So hast du immer deine VIP-Leser:in im Kopf, wenn du an deiner Geschichte schreibst.

WELCHE BOTSCHAFT VERMITTELST DU...

...mit deinem Buch? Jedes Buch besitzt eine zentrale Botschaft oder mehrere prägende Ideen, die es einzigartig machen und mit Bedeutung erfüllen. Diese Kerngedanken werden deinen Leser:innen noch in Erinnerung bleiben, lange nachdem sie die letzte Seite gelesen haben. Doch wie entdeckst du dieses Herzstück deiner Erzählung? Dafür ist es notwendig, dass du dich intensiv mit deiner Story auseinandersetzt und herausarbeitest, welche zentralen Themen, moralischen Fragen oder Lehren du betonen möchtest.

TIPP:

Springe zum vorigen Kapitel zurück, in dem du bereits Kernthesen formuliert hast. Diese kannst du als nützliche Orientierungshilfe für die kommende Übung verwenden.

◇ **ÜBUNG: DER BUCH-PITCH AN DEINE FREUND:INNEN**

Stelle dir vor, du erklärst deinen Freund:innen, warum sie dein Buch lesen sollten. Um sie zu überzeugen, musst du die Essenz deines Werks klar und ansprechend kommunizieren können.

Definiere die Kernbotschaft

Was ist das zentrale Thema deines Buches? Formuliere es in einem Satz.

....
....
....
....
....

Identifiziere den Nutzen

Gibt es spezifische Einsichten oder Wissen, das du vermitteln möchtest? Was sollen deine Leser:innen aus deinem Buch mitnehmen?

....
....

....

....

....

....

....

Bestimme die emotionale Wirkung

Wie möchtest du, dass sich deine Zielpersonen während und nach dem Lesen fühlen? Sollten sie inspiriert, unterhalten, beruhigt oder herausgefordert werden?

....

....

....

....

....

....

....

HINWEIS:

Ein Pitch für Verlage kann durchaus 5-15 Minuten dauern, um deine Geschichte, das Thema und das Potenzial deines Buches ausführlich darzustellen.

Formuliere deinen Pitch

Nutze die Antworten auf diese Fragen, um einen überzeugenden Pitch zu formulieren. Dein Pitch sollte idealerweise nicht länger als 1-2 Minuten sein, sodass du die Kernpunkte klar und prägnant vermitteln kannst. Halte den Fokus auf das zentrale Thema, die emotionale Wirkung und den Mehrwert für den oder die Leser:in.

....

....

....

....

....

....

Diese Übung hilft dir nicht nur, deine Freund:innen zu überzeugen, sondern schärft auch deine eigene Auffassung von deinem Buch und kann dir später wertvolle Einblicke für das Buchmarketing und die Promotion bieten.

Bevor wir aber so weit sind, sollten wir uns erstmal dem oder der Protagonist:in deines Buches zuwenden. Obwohl wir diesem Thema ein ganzes Kapitel widmen, wäre es gut, wenn du dir bereits jetzt einige Gedanken darüber machst.

WER IST DEIN:E PROTAGONIST:IN?

Der oder die Protagonist:in ist in der Regel der Hauptcharakter einer Story, um den sich die zentrale Handlung dreht. Diese Figur steht im Mittelpunkt der Erzählung, erlebt fundamentale Entwicklungen, überwindet Herausforderungen und treibt die Geschichte durch ihre Entscheidungen und Verhaltensweisen voran.

◇ **ÜBUNG: SKIZZIERE DEINEN ODER DEINE PROTAGONIST:IN**

So wie vorhin bei der Zielgruppe, lass uns jetzt auch für deinen oder deine Protagonist:in die Grundzüge festhalten: Name, Alter, Persönlichkeit, Ziele, Motivationen und ein Umriss seiner oder ihrer Hintergrundgeschichte. Vielleicht möchtest du auch deine kreative Ader spielen lassen und eine Skizze deiner Hauptfigur in ihrer typischen Umgebung anfertigen, um die Charaktereigenschaften rundherum zu notieren? Nutze, was dir am besten hilft, und vor allem: Hab Spaß dabei!

Dein oder deine Protagonist:in

Hier kannst du deine ersten Überlegungen in einem **Mini-Charakter-profil** eintragen – wir machen es aber später noch genauer:

Grundlagen:	Vor- und Nachname:	
	Alter:	
	Geschlecht:	
	Herkunft:	
	Bildung/Beruf:	
Persönlichkeit:	Eigenschaften:	
	Stärken:	
	Schwächen:	
	Ängste:	
	Hoffnungen:	
Hintergrund-geschichte:	Was hat der oder die Protagonist:in in seinem oder ihrem Leben gelernt?	
Ziele und Motivation:	Was will dein oder deine Protagonist:in erreichen? Was treibt sie oder ihn an?	

KI FÜR DEINEN ODER DEINE PROTAGONIST:IN

Auch an dieser Stelle kannst du wieder „DALL-E" nutzen, um visuelle Darstellungen deines oder deiner Protagonist:in zu kreieren.

ChatGPT Prompt-Tipp:

```
Erstelle ein realistisches Portrait meines Protago-
nisten Alex Martin, einem 28-jährigen Umweltwissen-
schaftler.

Merkmale:
Haare: Kurzes, lockiges, dunkelbraunes Haar.
Augen: Strahlend grüne Augen, die Aufmerksamkeit und
Nachdenklichkeit ausdrücken.
Kleidung: Ein lässiges, sandfarbenes Hemd, das zu
seinem entspannten und naturverbundenen Stil passt.
Accessoire: Eine schlichte Halskette, die Abenteu-
erlust symbolisiert und dezent gehalten ist.
Ausstrahlung: Weltoffen, intelligent und mit einem
Hauch von Abenteuergeist.

Hintergrund:
Eine idyllische, tropische Strandkulisse mit wei-
chem Licht und natürlichen Farben, die seine Liebe
zur Natur und sein Engagement für den Umweltschutz
hervorhebt. Palmen, türkisfarbenes Wasser und ein
sanfter Himmel schaffen eine einladende und harmo-
nische Atmosphäre.

Stil:
Realistisch, mit feinen Details und einer authenti-
schen Darstellung von Persönlichkeit und Umgebung.
```

Voilà, so sieht unser Protagonist also aus — ganz gut getroffen, nicht?

Ich konnte in meinem Prompt nicht umhin, mir schon ein wenig Gedanken um die Hintergrundkulisse des Protagonisten machen – das Setting. Ich bin mir sicher, du hast dir auch bereits die eine oder andere Szenerie überlegt. Sehen wir es uns gleich nach dem folgenden Abschnitt an.

WAS IST DER ZENTRALE KONFLIKT?

Nimm doch das Drama aus deinem Leben und bringe es auf die (Buch-) Seite. Dort wo es auch hingehört.

Der zentrale Konflikt einer Story ist die Herausforderung oder der Kampf, dem sich die Charaktere stellen müssen. Er kann sowohl intern (innerhalb eines Charakters) oder extern (durch äußere Umstände) auftreten. Dabei gibt es sieben verschiedene Arten von Konflikten, bei denen Charaktere unter anderem gegen sich selbst, andere Charaktere, die Gesellschaft oder die Natur kämpfen (Reedsy, 2023).

DIE SIEBEN ARTEN VON KONFLIKTEN

Interner Konflikt

O **Charakter versus sich selbst:** Dies beschreibt einen inneren Konflikt, bei dem der Charakter zwischen seinen eigenen Wünschen, Ängsten oder moralischen Überzeugungen und äußeren Erwartungen oder Pflichten steht. Der oder die Protagonist:in muss diesen inneren Kampf bewältigen, um persönliche Entwicklung zu erreichen und im Verlauf der Geschichte voranzukommen.

Beispiel: In „Tribute von Panem" wird Katniss Everdeen gezwungen, an einem tödlichen Kampf teilzunehmen, in dem nur eine Person überleben darf. Um zu gewinnen, muss sie ihre moralischen Prinzipien aufgeben und... töten.
Weitere Beispiele: Selbstzweifel, Schuldgefühle, Angst, eine falsche Entscheidung zu treffen

Externe Konflikte

O **Charakter versus Charakter:** Hier steht der Hauptcharakter in Zwietracht mit einem oder mehreren anderen Charakteren, oft aufgrund von unterschiedlichen Zielen, Überzeugungen oder Interessen. Zwischenmenschliche Auseinandersetzungen erzeugen eine intensive Spannung, da sie die Beziehungen zwischen den Charakteren beeinflussen und manchmal auch schwierige moralische Entscheidungen fordern.

Beispiel: In Shakespeares „Romeo und Julia" gerät Romeo, aufgrund der Rivalität zwischen ihren Familien, in einen heftigen Streit mit Tybalt, dem Cousin von Julia. Tybalt fordert Romeo heraus, um die Familienehre zu verteidigen, während Romeo, innerlich zerrissen durch seine Liebe zu Julia versucht, den Frieden zu wahren.

O **Charakter versus Gesellschaft:** Dieser Konflikt entsteht, wenn ein Charakter mit den Normen, Werten oder Erwartungen der Gesellschaft, in der er oder sie lebt, aufeinanderprallt.

Beispiel: In „Der Teufel trägt Prada" steht Andy Sachs, eine idealistische Uni-Absolventin, im Konflikt mit den gesellschaftlichen Erwartungen der Modebranche. Obwohl ihre Werte und Prinzipien nicht mit der oberflächlichen, wettbewerbsorientierten Welt des Modejournalismus übereinstimmen, fühlt sie sich gezwungen, sich anzupassen und ihren eigenen Idealen untreu zu werden, um in ihrer Karriere voranzukommen.
Weitere Beispiele: Rebellion gegen Unterdrückung, soziale Ungerechtigkeiten, kulturelle Missverständnisse

O **Charakter versus Natur:** Hier kämpft der Charakter ums Überleben angesichts der unbezwingbaren Kräfte und Herausforderungen in der natürlichen Umgebung.

Beispiel: In „Der Marsianer" strandet der Astronaut Mark Watney nach einem Unfall auf dem Mars. Ohne jegliche Hilfe von außen muss er sich den lebensfeindlichen Bedingungen des Planeten stellen.
Weitere Beispiele: Überlebenskampf in der Wildnis, Naturkatastrophen, Erkundung unbekannter Gebiete, eisige Isolation

O **Charakter versus Übernatürliches:** Der Charakter steht unerklärlichen oder übernatürlichen Kräften gegenüber, die er verstehen oder bekämpfen muss, um seine Ziele zu erreichen.

Beispiel: In „Der Exorzist" wird ein Mädchen von einem dämonischen Wesen besessen. Ein Priester versucht, den Dämon in einem gefährlichen und psychisch belastenden Ritual auszutreiben. Der Priester steht nicht nur der bösen Macht gegenüber, sondern kämpft auch mit seinem eigenen Glauben und den Grenzen der menschlichen Stärke. Weitere Beispiele: Religion, Gott beziehungsweise Götter, Engel, Geister, Dämonen, Monster, Aliens

O **Charakter versus Schicksal:** Der Charakter steht vor unausweichlichen Umständen oder einem vorherbestimmten Verlauf, gegen den er oder sie ankämpft oder mit dem er oder sie sich abfinden muss.

Beispiel: In „Der große Gatsby" versucht Jay Gatsby sein Schicksal zu ändern und die Vergangenheit zu überwinden, um Daisy zurückzugewinnen. Doch am Ende scheitert er an den unaufhaltsamen Kräften der Gesellschaft und des Schicksals.

O **Charakter versus Technologie:** Der Charakter steht vor Herausforderungen, die durch die fortschrittliche Technologie, künstliche Intelligenz oder andere technologische Elemente erzeugt werden.

Beispiel: In „Matrix" kämpft die Menschheit gegen eine übermächtige Maschinenherrschaft, die die Menschen in einer simulierten Realität – der „Matrix" – gefangen hält. Der Protagonist Neo entdeckt die Wahrheit und stellt sich gegen diese Kontrolle, um die Freiheit der Menschen zurückzugewinnen.

WIE ENTWICKELST DU EINEN ZENTRALEN KONFLIKT?

Beachte dabei die folgenden Schritte:

O **Identifiziere das Hauptziel deines oder deiner Protagonist:in:** Was will dein Charakter unbedingt erreichen?
O **Bestimme das Hindernis:** Was steht deinem oder deiner Protagonist:in im Weg? Wer oder was verhindert, dass er oder sie sein Ziel erreicht?
O **Erforsche die Konsequenzen:** Was steht auf dem Spiel? Welche Auswirkungen hat der Konflikt auf deinen oder deine Protagonist:in und seine oder ihre Umgebung?
O **Baue Eskalationen ein:** Lasse den Konflikt im Laufe der Story wachsen und sich zuspitzen, um die Spannung zu erhöhen.

Der zentrale Konflikt ist das pulsierende Herz deiner Erzählung. Investiere viel Zeit und Mühe in dessen Entwicklung, und du wirst eine mitreißende Story erschaffen, die deine Leser:innen nicht mehr loslässt.

Los geht's:

Was ist der zentrale Konflikt deines oder deiner Protagonist:in?

Beschreibe ihn grob:

WAS IST DEIN SETTING?

Hast du je das Gefühl gehabt, eine Story nicht nur zu lesen, sondern sie zu spüren, die Luft zu riechen, die Geräusche zu hören, als wärst du mittendrin? Du schließt die Augen und **BOOM**, die beschriebene Welt ist in all ihren Details für dich erkennbar. Hier kommt die Magie des Settings ins Spiel.

WELCHES SETTING KOMMT FÜR DEINE STORY IN FRAGE?

Überlege dir die unterschiedlichen Kulissen bereits grob – wir werden uns in einem der nächsten Kapitel genauer damit beschäftigen – und schreibe alle Orte auf, die in deiner Erzählung eine Rolle spielen. Denk sowohl an die Haupt- als auch an Nebenschauplätze.

Hauptschauplätze:

....
....
....
....
....
....
....

Nebenschauplätze:

....
....
....
....
....
....
....

In welcher Zeit spielt deine Story?

....

....

....

....

....

....

Beispiele:

○ **Gegenwart:** Deine Story findet in der modernen Welt des Jahres 2025 statt, wo die Charaktere mit aktuellen sozialen Medien, Technologien und zeitgenössischen Herausforderungen konfrontiert sind.

○ **80er Jahre:** Die Story spielt in den bunten und musikreichen 1980er Jahren, in denen deine Charaktere mit der einzigartigen Kultur, Mode und den politischen Spannungen jener Zeit interagieren.

○ **Mittelalter:** Die Handlung entfaltet sich im Europa des 12. Jahrhunderts, einer Epoche der Ritter, Burgen und weitreichenden politischen wie religiösen Konflikten.

○ **Zukunft:** Deine Geschichte ist im Jahr 2150 angesiedelt, in einer hoch technologisierten Welt mit fortschrittlichen KI-Systemen, interplanetaren Reisen und neuen gesellschaftlichen Strukturen.

HINWEIS:

Mit all diesen Informationen kannst du dich wieder auf die Suche nach Bildern machen – sammle Fotos (digital oder analog) oder lass dir durch „**DALL-E**" helfen.

Wähle eines deiner wichtigsten Settings. Beschreibe es genauer:

KI FÜR DEIN SETTING

Hier ist ein möglicher Prompt, der dir helfen könnte:

ChatGPT Prompt-Tipp:

Erstelle eine realistische Darstellung eines umweltfreundlichen Laboratoriums, das harmonisch in die natürliche Umgebung integriert ist.

Szene:
(1) Vordergrund: Ein Schreibtisch mit detaillierten Elementen wie Mikroskopen, sorgfältig arrangierten Pflanzenproben und handgeschriebenen Forschungsnotizen. Ein kleiner Laptop oder Tablet könnte neben den Notizen stehen, um die moderne Arbeitsweise zu betonen.
(2) Hintergrund: Große, bodentiefe Fenster geben den Blick auf einen üppigen, grünen Regenwald frei, durch die das Tageslicht in sanften, natürlichen Tönen einfällt. Einige der Pflanzen könnten bis ans Labor heranreichen, um die Verbindung zur Natur zu verstärken.
(3) Zusätzliche Details: Regale mit wissenschaftlichen Geräten, Gläsern mit Samenproben und Bücher über Umweltschutz.

Atmosphäre:
Das Labor wirkt hell und einladend, mit einer warmen Farbpalette, die Naturtöne (Grün, Braun, Sand) betont. Kleine, dekorative Pflanzen im Raum und nachhaltige Materialien wie Holz und Glas verleihen dem Labor ein umweltbewusstes und modernes Design.

Dieses Labor gehört Alex Martin, einem jungen Umweltwissenschaftler. Es soll seine Leidenschaft für die Natur und sein Engagement für den Umweltschutz widerspiegeln. Der Raum wirkt organisiert, aber dennoch kreativ und inspiriert, passend zu seiner Persönlichkeit.

Stil: Realistisch, mit präzisen Details und einem leichten Hauch von Modernität, um die Harmonie zwischen Wissenschaft und Natur hervorzuheben.

WELCHEN TITEL SOLL DEIN BUCH TRAGEN?

Der Name deines Werks ist das Aushängeschild deiner Geschichte, der erste Eindruck, den potenzielle Leser:innen gewinnen. Er soll neugierig machen, zum Inhalt passen und im Gedächtnis bleiben. Doch wie findest du den perfekten Titel, der all diese Kriterien erfüllt? Es ist eine kreative Herausforderung, die sowohl Intuition als auch Strategie erfordert. Dabei ist es wichtig, den Titel nicht zu komplex oder zu kreativ zu gestalten. Kurze, einfache und einprägsame Titel funktionieren oft am besten, da sie den Leser:innen leichter im Gedächtnis bleiben und neugierig machen, ohne zu überfordern.

HINWEIS:

Der Titel deines Buches muss einmalig sein und darf keinen schon existierenden Titel kopieren oder imitieren. Es gibt jedoch Ausnahmen für allgemeinere Begriffe wie „Der Weg zu...[Erfolg, Freiheit]" oder „Die Kunst des...[Krieges, Verführung]". Solche Titel sind oft zu generisch, um als Kopie oder Plagiat zu gelten. Überprüfe deine Buchtitel-Idee aber sicherheitshalber auf Plattformen wie zum Beispiel ⊕ *https://buchhandel.de.*

Hier sind einige Methoden, die dir helfen, kreative Ideen für deinen Buchtitel zu entwickeln.

◇ **ÜBUNG: MIT WORTMUSTERN EXPERIMENTIEREN**

Versuche mit Formaten zu spielen wie:

„Die .... des .... " oder

„................................ für .... "

Diese Muster funktionieren für bestimmte Themen, obwohl es bei weitem nicht die einzigen Muster sind, mit denen du experimentieren kannst. Hast du bemerkt, wie viele Bestseller-Titel heutzutage das Wort *„Erfolg"* oder *„Meister"* beinhalten?

Weitere Möglichkeiten:

O **Inspiration aus deinen Charakteren ziehen:** Wenn deine Hauptfigur einen markanten Namen oder eine Dienstbezeichnung hat, kann dies in deinem Buchtitel aufgegriffen werden. Beispiele wie *„Jane Eyre"* oder *„Harry Potter"* zeigen, wie effektiv Namen diesen Zweck erfüllen können.

O **Dein Setting im Titel:** Spielt deine Story an einem besonderen Schauplatz? Auch wenn deine Buchüberschrift nicht direkt diesen benennen muss, wie *„Middlemarch"*, kann das Setting dennoch als Inspiration dienen.

O **Literarische Phrasen oder Redewendungen:** Viele Publikationen greifen auf bekannte literarische Phrasen oder Redewendungen zurück, die bereits eine poetische Wirkung haben. Beispiele: *„East of Eden"* von John Steinbeck (Anspielung auf eine Passage aus der Bibel), *„The Sound and the Fury"* von William Faulkner (Titel stammt aus einem Zitat in Shakespeares *„Macbeth"*)

Egal für welche Übung du dich entschieden hast, am Ende solltest du ein „**Wort-Moodboard**" vor dir liegen haben – physisch oder digital – mit Wörtern, Phrasen und Bildern, die die Atmosphäre deines Buches einfangen. Sieh dir deine Sammlung an und spiele mit Kombinationen dieser Elemente, um potenzielle Titel zu finden.

Wenn du eine spielerische Komponente in diesem Prozess einbauen möchtest, dann schreibe dir die unterschiedlichen Wörter auf einen kleinen Zettel und zerknülle sie. Mische sie und ziehe zufällige Kombinationen. Dies kann zu überraschend passenden oder inspirierenden Titelvorschlägen führen.

Wenn du all das oben Genannte durchgegangen bist und immer noch versuchst, die goldene Formel zu finden — keine Sorge! Es gibt andere Wege, um Inspiration zu finden, wie beispielsweise Online-Titel-Generatoren, oder – richtig erraten: ChatGPT.

KI FÜR DEINEN BUCHTITEL

Dieser Prompt kann dir beim Brainstorming deines Buchtitels helfen:

ChatGPT Prompt-Tipp:

Finde mit mir einen passenden Titel für einen Liebesroman, der folgende Geschichte erzählt:
Eine junge, talentierte Malerin und ein zurückgezogen lebender Schriftsteller führen in den 1960er Jahren eine Fernbeziehung. Der Roman thematisiert die zeitlose Natur wahrer Liebe sowie die kreativen und emotionalen Herausforderungen, die sie gemeinsam bewältigen.

Schlüsselworte: „Leidenschaft", „Sehnsucht", „Herzschmerz".

Bitte schlage drei einfallsreiche und prägnante Titel vor, die die Atmosphäre und das zentrale Motiv des Romans einfangen.

Dein (Arbeits-) Titel

Für welchen (Arbeits-) Titel hast du dich entschieden?
Schreib ihn auf:

Dein Buchtitel

Super, gratuliere!

Schreibe nun ein kurzes Statement, warum du dich für diesen Titel entschieden hast. Beziehe dich auf die Themen, die Atmosphäre und die Zielgruppe deines Buches. Dies hilft dir, die Entscheidung für einen bestimmten Namen zu festigen und seine Wirkung zu verstehen.

Statement

WAS MACHT DEIN BUCH EINZIGARTIG?

In einem Meer von Büchern ist es dein einzigartiges Verkaufsversprechen (englisch: Unique Selling Proposition, USP), das dein Werk hervorhebt und die Leser:innen dazu bringt, genau dein Buch aus dem Regal zu ziehen. Was ist es, das dich und dein Buch so besonders macht? Ist es deine unverwechselbare Stimme, eine innovative Erzählstruktur, ein bisher unerforschtes Thema oder vielleicht eine Figur, die in ihrer Komplexität und Tiefe ihresgleichen sucht? Das Herausarbeiten deines USPs ist nicht nur für das Marketing essentiell, sondern hilft dir auch, während des Schreibprozesses fokussiert zu bleiben.

Warum bist du die beste (und einzige) Person, die dein Buch schreiben kann?

Hier geht es nicht um dein schriftstellerisches Können, sondern um die Erfahrungen und Emotionen, die du in dein Schreiben einfließen lässt.

Bei *Sachbuchautor:innen* ist die Beantwortung dieser Frage vielleicht ein wenig einfacher, da diese höchstwahrscheinlich über eine Reihe von Qualifikationen oder Auszeichnungen in dem Bereich verfügen, über den sie schreiben. Möglicherweise haben sie sogar den einen oder anderen Preis gewonnen. Ein weiteres offensichtliches Beispiel ist die *Autobiografie* – wer könnte besser die Story eines Lebens erzählen als die Person, die es gelebt hat?

In der *Belletristik* ist es da schon kniffliger, da es weniger offensichtlich ist, was dich dazu bewegt, dein Buch auf Papier zu bringen. Hat es Wurzeln in persönlichen Erlebnissen? Hast du das Buch gar über etwas geschrieben, das du immer erleben wolltest, aber nie konntest? Spielt es in einer Epoche oder an einem Ort, der schon länger deine Fantasie entfacht hat?

Was inspiriert dich dazu, diese Story zu schreiben?

Reflektiere darüber, was dich an deinem gewählten Genre begeistert. Was motiviert dich, deine Romane an bestimmten Orten anzusiedeln oder deinen Charakteren spezielle Stärken oder Schwächen zu verleihen?

Was macht dich als Autor:in aus?

Denk darüber nach, was du über dich als Autor:in mitteilen möchtest, was deinen Schreibstil auszeichnet und wo deine Stärken liegen. Das hilft dir nicht nur zu erkennen, womit du dich auf dem Markt abhebst, sondern auch, in welchen Aspekten du genauso kompetent bist wie andere erfolgreiche Autor:innen.

Wenn wir schon über andere Autor:innen sprechen:

Wer sind deine „Konkurrent:innen"?

Vergleichbare Romane (im Englischen als *„Comparables"* oder kurz *„Comps"* bezeichnet) sind Bücher, die deinem Werk ähnlich sind und die deine Zielgruppe ebenfalls ansprechen würden. Es ist wichtig, deine Konkurrenzbücher zu kennen, um im nächsten Schritt herauszuarbeiten, worin sich dein Buch abhebt.

Hast du erstmal einige passende Bücher gefunden, konzentriere dich darauf, was deren Autor:innen tun, um Leser:innen zu erreichen:

O Untersuche ihre Amazon-Seite und lies die Buchbeschreibung und Rezensionen objektiv, um zu erfahren, wen diese Autor:innen ansprechen und was ihre Leser:innen von den Büchern halten.

O Sieh dir ihre Webseiten an und registriere dich für den Newsletter.

O Folge ihnen auf den sozialen Medien.

Beginne nach deiner Recherche mit einer Liste von Gründen, warum dein oder deine ideale:r Leser:in sich möglicherweise für Konkurrenztitel entscheiden könnte:

O Sind sie leicht zugänglich?

O Sind sie besonders bekannt?

O Behandeln sie wichtige Themen?

O Haben sie einen besonderen Schreibstil?

O Wirken sie professionell in Bezug auf Cover und Format?

STORYCOACH-NOTIZ

Jedes Buch ist eine neue Welt
– und kein:e Autor:in erschafft
Welten genau so wie du.
Bedenke: Niemand sonst blickt
durch deine Augen auf die Welt,
also kann auch niemand exakt
die Stories erzählen, die in
dir leben. Lass dich also nicht
beirren und vermeide Ver-
gleiche mit anderen Autor:in-
nen. Dein Weg ist einzigartig
und deine Stimme hat ihren
eigenen Wert. Bleib dir treu und
deine Arbeit wird für sich selbst
sprechen.

Deine Sabrina

**Was könnte sie davon abhalten, sich für die Konkurrenz zu ent-
scheiden, wenn eine bessere Option verfügbar wäre?**
Erstelle eine möglichst lange Liste von Gründen, warum sich deine VIP-
Leser:innen nicht für die Konkurrenz entscheiden könnten.

Mit all diesen Überlegungen im Hinterkopf sammle nun Antworten für
dieselben Fragen für dein eigenes Buch:

**Warum sollte sich ein oder eine Leser:in für dich und nicht
für die Konkurrenz entscheiden?**

◇ **ÜBUNG: DAS USP-INTERVIEW**

Für diese Übung fülle den kurzen Fragebogen zur Erkundung der Einzigartigkeit deines Buches aus (beziehungsweise erweitere ihn gerne um ergänzende Fragen). Auch wenn wir uns noch einige Themen im Detail ansehen werden (wie zum Beispiel Charakter oder Setting), kannst du es dir schon vorab grob überlegen. Es ist jederzeit möglich, zu dieser Übung zurückzukehren, wenn sich etwas im Verlauf der Zeit ändern sollte.

Welche Themen oder Botschaften in deinem Buch findest du besonders wichtig und aktuell?

....
....
....
....
....
....

Gibt es spezielle Erzähltechniken oder Schreibstile, die du in deinem Buch verwenden möchtest?

....
....
....
....
....
....

Was fasziniert dich an deinem oder deiner Protagonist:in?

....
....
....
....
....
....

Wie hebt sich der Plot deines Buches von anderen ähnlichen Stories ab?

....
....
....
....
....
....

107

Welche Rolle spielen Nebencharaktere in deinem Buch, und was macht sie unvergesslich?

....

....

....

....

....

....

Hast du dir ein besonderes Setting überlegt? Wie trägt es zur Gesamtatmosphäre und zur Entwicklung der Geschichte bei?

....

....

....

....

....

....

Wird es einen zentralen Konflikt in deinem Buch geben, der auf eine Weise gelöst wird, die Leser:innen überraschen könnte?

....

....

....

....

....

....

Gibt es ein spezifisches Zielgruppenproblem, das dein Buch adressiert oder löst?

....

....

....

....

....

....

Welche emotionale Reise bietest du den Leser:innen mit deinem Buch, und was macht diese besonders berührend oder inspirierend?

....

....

....

....

....

Andere Themen:

....

....

....

....

....

....

◇ **ÜBUNG: DEIN USP**

Auf Basis der Ergebnisse aus der vorigen Übung, formuliere ein klares USP-Statement für dein Buch. Dies sollte in zwei bis drei Sätzen zusammenfassen, was dein Buch besonders macht und warum jemand es lesen sollte.

Beispiel: „Zwei Welten, ein Herz" verbindet eine Liebesgeschichte mit wertvollen Ratgeber-Elementen. Im Fokus steht Mias emotionale Reise, bei der sie nicht nur nach der für sie „richtigen" Liebe, sondern auch nach ihrer eigenen Identität sucht. Dieses Buch zeichnet sich durch tiefgründige Charakterentwicklungen, realistische zwischenmenschliche Beziehungen und unvorhersehbare Wendungen aus, die das Herz berühren und zum Nachdenken anregen.

◇ **JETZT DU**

Die Durchführung dieser Übungen und die Erstellung eines prägnanten USP-Statements gibt potenziellen Leser:innen nicht nur einen Grund, sich für dein Buch zu entscheiden, sondern stärkt auch deine eigene Verbindung zu dem, was du schreibst.

RECHERCHE

Im Rahmen der STORY**PLANUNG** wirst du sicherlich auf fehlende Informationen gestoßen sein, die du durch gezielte Nachforschungen ergänzen solltest, um deine Idee noch detaillierter und lebendiger zu gestalten. Eine sorgfältig durchgeführte Recherche ist unerlässlich, um deinem Text eine fundierte Basis zu geben und deine (Fantasy-)Welt überzeugend darzustellen.

Die Recherche hilft nicht nur dabei, Fakten zu überprüfen, sondern verleiht deiner Erzählung auch Glaubwürdigkeit und Tiefe. Egal, ob du historische Hintergründe, wissenschaftliche Details oder kulturelle Besonderheiten nachforschst – all diese Elemente tragen dazu bei, dass deine Story für die Leser:innen authentisch und nachvollziehbar wirkt.

TIPPS FÜR DIE RECHERCHE

Damit deine Story gut analysiert ist, habe ich dir ein paar Tipps zusammengefasst – egal für welches Genre du schreibst:

- **Bibliotheken und Archive:** Diese Orte sind echte Schatzkammern für umfangreiche Informationen. Hier findest du Bücher, Fachzeitschriften und Originaldokumente, die dir wertvolle Einblicke und detaillierte Fakten liefern können.

- **Expert:inneninterviews:** Direkte Erkenntnisse von Fachleuten bereichern deine Story ungemein. Ob es sich um Historiker:innen, Wissenschaftler:innen oder Menschen mit speziellen Erfahrungen handelt – Expert:innen können dir wertvolle Informationen und einzigartige Perspektiven bieten.

- **Online-Plattformen:** Das Internet ist eine unerschöpfliche Quelle für Informationen. Websites, Datenbanken, historische Fotos und aktuelle Trends – all dies kann dir helfen, deine Recherche zu erweitern und zu vertiefen. Es ist wichtig, dass zuverlässige und seriöse

Quellen genutzt werden. Berücksichtige auch, dass die Autor:innen und Herausgeber:innen Fachleute auf ihrem Gebiet und daher vertrauenswürdig sind, dass die Angaben aktuell, fehlerfrei, neutral und gut belegt sind und dass keine reißerischen oder kommerziellen Interessen im Vordergrund stehen.

O **Selbsterfahrung:** Gehe, wenn möglich, an den Ort, an dem deine Story spielt, um authentische Details einzufangen. Notizbüchlein nicht vergessen!

DEINE CHECKLISTE FÜR DIE RECHERCHE

✓ **Themengebiet/e festlegen:**
Welche Aspekte deiner Story benötigen detaillierte Recherchen?

✓ **Quellen identifizieren:**
Welche Bibliotheken, Archive, Webseiten oder Expert:innen kannst du für deine Nachforschungen nutzen?

✓ **Interviews planen:**
Welche Fachleute oder Zeitzeug:innen stehen für ein Gespräch zur Verfügung?

✓ **Ortsbesichtigungen organisieren:**
Welche Orte möchtest du besuchen, um authentische Eindrücke zu sammeln?

✓ **Recherchematerialien vorbereiten:**
Besorge dir Notizbücher, Aufnahmegeräte und Kamera, um deine Ergebnisse zu dokumentieren.

◇ **JETZT DU**

Was könnten deine wichtigsten Informationsquellen sein?

....
....
....
....
....
....
....
....
....
....

Schreibe hier gleich deine ersten Recherche-To-Do's auf:

....
....
....
....
....
....
....
....
....
....
....

KI FÜR DIE RECHERCHE

Dieser Prompt kann dir beim Finden der richtigen Informationen helfen:

ChatGPT Prompt-Tipp:

Ich möchte gerne [einen Roman] schreiben, der
in [Ort] in [Zeitraum] spielt. Welche Bücher
oder Artikel sollte ich lesen, um sicherzustellen,
dass die Story authentisch und aus historischer
Sicht korrekt ist?

Bitte liste mir die zehn wichtigsten Dokumente,
Bücher oder Artikel auf.

DIE TIMELINE DEINES BUCH- PROJEKTS

Eine gut durchdachte Timeline für dein Buchprojekt kann dir helfen, organisiert und motiviert zu bleiben sowie letztendlich dein Ziel zu erreichen: die Veröffentlichung deines Buches. Hier ist eine schrittweise Anleitung, wie du eine effektive Projekt-Timeline erstellen kannst (das sind subjektive Angaben, die von Autor:in zu Autor:in variieren):

O **Ideenphase (1-2 Monate):**
Starte mit Brainstorming-Sessions, um dein Thema zu definieren, deine Zielgruppe zu identifizieren und eine grobe Skizze deiner Story zu erstellen – das betrifft alles, was du im Kapitel „STORYBASIS" gelernt hast.

O **Recherchephase (1-2 Monate):**
Je nach Genre und Thema kann dieser Schritt mehr oder weniger Zeit in Anspruch nehmen. Sammle alle notwendigen Informationen, Inspirationen und Quellen, die du für dein Buch benötigst.

O **Charakterprofile, Setting, Outlining und Plotting (1 Monat):**
Jetzt geht es ans Eingemachte: Erstelle deine Charakterbögen, eine detaillierte Outline deines Buches (näheres dazu findest du in Kapitel 5 „STORYOUTLINE"), gefolgt von einem Plot (siehe Kapitel 6 „STORY-PLOT"), inklusive Kapitelübersichten und Hauptpunkten, die in jedem Abschnitt behandelt werden sollen. Das ist die wichtigste Phase des Prozesses, daher nimm dir dafür genug Zeit.

ALS REFERENZ:
Ich habe meinen Debütroman neben einem sehr anspruchsvollen 40-Stunden-Job in sechs Monaten geschrieben.

O **Schreibphase (4-9 Monate):**
Setze dir tägliche oder wöchentliche Schreibziele, um konstant Fortschritte zu machen. Je nach deinem Zeitplan und anderen Verpflichtungen kann diese Phase variieren.

O **Selbstüberarbeitung und erste Korrekturen (1 Monat):**
Nach einer circa einmonatigen Pause, lese dein Manuskript durch, mache grobe Korrekturen und arbeite an der Feinabstimmung deiner Handlung.

O **Professionelles Lektorat und Korrekturlesen (1 Monat):**
Engagiere einen oder eine professionelle:n Lektor:in, um dein Manuskript auf Fehler zu prüfen und Verbesserungen vorzuschlagen.

O **Bewerbungsphase (1 Monat):**
Suche dir einen oder eine Literaturagent:in oder bewirb dich direkt bei einem Verlag deiner Wahl.

Falls du dich für Self–Publishing entscheiden solltest, geht es für dich bei "Buchgestaltung und Formatierung" weiter.

O **Buchgestaltung und Formatierung (1-2 Monate):**
Diese Phase beinhaltet die Designerstellung des Buchcovers und die Formatierung des Innenteils deines Buches für verschiedene Veröffentlichungsformate (eBook, Taschenbuch, Hardcover).

O **Veröffentlichungsvorbereitung (1-2 Monate):**
Plane deine Buchveröffentlichung, einschließlich der Erstellung von Marketingmaterialien, der Organisation von Buchlaunch-Events und der Kommunikation mit Buchhändlern oder Vertriebsplattformen.

O **Veröffentlichung und Marketing (laufend):**
Veröffentliche dein Buch und arbeite kontinuierlich an Marketing- und Verkaufsstrategien, um dein Buch zu bewerben und Leser:innen zu erreichen.

VORLAGE ZUR PROJEKTPLANUNG

Erstelle ein Dokument oder eine Tabelle, in der du jede Phase deines Buchprojekts festhältst, inklusive:

O **Phase:**   [Name der Phase]
O **Zielsetzung:**   [Was soll in dieser Phase erreicht werden?]
O **Zeitraum:**   [Start- und Enddatum]
O **Wichtige Aufgaben:** [Liste der Schlüsselaufgaben]
O **Ressourcen:**   [Was wird benötigt?
                          Beispielsweise eine Software]
O **Fortschritt:**   [Aktueller Status und Notizen]

Durch die Verwendung dieser Vorlage kannst du sicherstellen, dass du den Kurs auf dem richtigen Weg hältst. Denk daran, flexibel zu bleiben und deine Timeline bei Bedarf anzupassen, um den Anforderungen deines Projekts gerecht zu werden.

BUDGET

Die Planung und Verwaltung des Budgets ist ein entscheidender Aspekt auf dem Weg zur Veröffentlichung deines Buches. Ein gut durchdachter Kostenplan hilft dir, finanzielle Überraschungen zu vermeiden, Ressourcen effektiv zu nutzen und sicherzustellen, dass dein Projekt realisierbar bleibt. Von der Recherche bis zum Marketing (im Falle von Self-Publishing) - jedes Element deines Buchprojekts hat seinen Preis. Indem du von Anfang an ein klares Verständnis für die anfallenden Kosten entwickelst, kannst du finanzielle Engpässe vermeiden und deine Investitionen optimieren.

HINWEIS:

Ein seriöser Verlag wird niemals Geld von ihren Autor:innen verlangen, um das Buch zu veröffentlichen. Sollte dies doch der Fall sein, handelt es sich sehr wahrscheinlich um einen Druckkostenzuschussverlag. Diese Art von Verlagen bietet oft die Illusion einer professionellen Veröffentlichung, jedoch auf Kosten der Autor:innen. Es ist ratsam, solche Angebote zu meiden, da sie in der Regel nicht dieselben professionellen Dienstleistungen bieten wie echte Verlage, die in den Buchmarkt investieren.

Wichtige Budgetposten für dein Buchprojekt:

O **Recherche und Material:**
Bücher, Abonnements, Reisen zu Orten, die im Buch erwähnt werden, oder der Kauf spezifischer Software.

O **Professionelles Lektorat und Korrekturlesen:**
Honorare für Lektor:innen und Korrektor:innen, um die Qualität deines Manuskripts zu verbessern.

O **Urheberrecht:**
Eventuelle Kosten für die Sicherung vor Diebstahl in Form von notarieller Beglaubigung oder Registrierung in einer Urheberrechtsdatenbank.

O **[Self-Publishing] Cover-Design und Buchlayout:**
Kosten für Grafiker:in, um dein Buch optisch ansprechend zu gestalten.

O **[Self-Publishing] ISBN:**
Gebühren für die Registrierung deiner ISBN.

O **[Self-Publishing] Druck und Veröffentlichung:**
Kosten für den Druck (bei Print-on-Demand geringer) und Gebühren für die Veröffentlichung auf verschiedenen Plattformen.

O **[Self-Publishing] Marketing und Werbung:**

Budget für Werbemaßnahmen, Buchlaunch-Event, Rezensions-exemplare, Website-Erstellung und Social-Media-Werbung.

O **Verschiedenes:**

Unvorhergesehene Ausgaben, die immer auftreten können.

VORLAGE ZUR BUDGETPLANUNG

Um ein realistisches Budget für dein Buchprojekt aufzustellen, nutze die folgende Vorlage. Passe sie nach Bedarf an und ergänze sie um spezifische Posten, die für dein Projekt relevant sind.

O **Budgetposten:**   [Name des Postens]
O **Geschätzte Kosten:**   [Betrag]
O **Tatsächliche Kosten:**   [Betrag]
O **Notizen:**   [Besonderheiten, Einsparungen, Anbieter]

Wiederhole diese Struktur für jeden Budgetposten und halte das Dokument aktuell, um einen Überblick über deine Ausgaben zu behalten.

PRAKTISCHE TIPPS FÜR DIE BUDGETPLANUNG

O **Vergleiche Angebote:**

Hole mehrere Angebote ein, besonders bei größeren Ausgabenposten wie Lektorat oder Cover-Design.

O **Priorisiere Ausgaben:**

Nicht alle Teile des Projekts benötigen sofortige Investitionen. Priorisiere, was für die Fertigstellung und Veröffentlichung deines Buches essentiell ist.

O **Setze auf Qualität:**

Bei kritischen Dienstleistungen wie dem Lektorat oder dem Cover-Design sollte nicht am falschen Ende gespart werden.

O **Reserve einplanen:**

Unvorhergesehene Kosten treten fast immer auf. Plane daher ein finanzielles Polster ein, um flexibel reagieren zu können.

O **Budgetplanung:**

Eine gut durchdachte Budgetplanung gibt dir finanzielle Sicherheit und ermöglicht es dir, dich auf das zu konzentrieren, was am wichtigsten ist: die Fertigstellung deines Buches.

Wrap-up.

Die STORY**PLANUNG** ist ein entscheidender Schritt, um deine vielen, kreativen Ideen in eine kohärente und spannende Story umzusetzen. Dabei legst du den Fokus auf wichtige Komponenten wie die präzise Definition deiner **Zielgruppe**. Mit einer klaren Vorstellung darüber, für wen du schreibst, kannst du deine Inhalte noch gezielter ausrichten und deine Leser:innen besser ansprechen. Was wir noch in der Planungsphase brauchen, ist eine grobe Skizzierung des oder der **Protagonist:in**, des **zentralen Konflikts** deiner Story und des **Settings**. Diese Bausteine verschaffen dir ein noch klareres Bild deines Buchprojekts und unterstützt dich dabei, deine Vision besser vor Augen zu halten.

Neben dem kreativen Teil ist es auch wichtig, ein bisschen Struktur ins Projekt zu bringen. Eine gut durchdachte **Timeline** hilft dir dabei, den gesamten Prozess – von der ersten Idee bis zur Veröffentlichung – systematisch und zielorientiert zu gestalten. Setze dir klare Meilensteine, die dir als Orientierungspunkte auf deinem Weg dienen.

Zusätzlich ermöglicht dir eine **Budgetplanung**, deine finanziellen Ressourcen sinnvoll zu verteilen und unerwartete Ausgaben effektiv zu managen. Mit dieser Kombination aus organisatorischer und finanzieller Planung legst du eine stabile Grundlage, um dein Buchprojekt erfolgreich und ohne unnötigen Stress zu realisieren.

DIE STORY**CHARAKTERE**

DIE STORY-
CHARAKTERE

Jede Geschichte lebt von zwei zentralen Elementen: den Charakteren und der Handlung. Während oft darüber diskutiert wird, welches davon wichtiger ist, sind sie in Wahrheit untrennbar miteinander verbunden.

Tiefgründige, vielschichtige Charaktere prägen nicht nur die Erzählung, sondern werden auch durch sie geformt. Sie sind derart zentral, dass ganze Romane sich um sie entfalten können. Wie also kreierst du eine Figur, die interessant, denk- und glaubwürdig ist und das Interesse deiner Leser:innen weckt?

Es ist Zeit, das herauszufinden.

DEINE CHARAKTERE ERSCHAFFEN

Ideen für Charaktere können uns überall begegnen. Sei es aus unserer eigenen Schatzkiste voller Erlebnisse, von den interessanten Menschen, denen wir täglich begegnen oder von Erzählungen, die uns erreichen.

Natürlich können Figuren auch direkt aus unserer eigenen Fantasie entspringen. Meist sind sie eine bunte Mischung – ein Teil von mir, ein Teil von dir und kräftig gewürzt mit **„Was-wäre-wenn-Eigenschaften"**, die sie zu überzeichneten, aber spannenden Charakteren machen. Das macht sie schöner, hässlicher, dramatischer, spannender oder langweiliger als echte Menschen. Das gefällt uns. Warum? Weil wir mehr Interesse daran haben, Außergewöhnliches zu lesen, anstatt uns mit dem Konventionellen zu begnügen. Trotzdem sollten sie greifbar und nachvollziehbar bleiben, also vermeide es, sie unnötig kompliziert zu gestalten.

> *Der erste Roman ist ein verborgenes Tagebuch.*

Der erste Roman ist im Grunde dein Tagebuch in versteckter Form. Das liegt daran, dass du beim Schreiben meistens aus deinem eigenen Erfahrungsschatz schöpfst, was dir mehr Sicherheit gibt, weil du über Dinge schreibst, die du schon kennst. Doch Charaktere beginnen erst richtig zu leben, wenn sie ihre Individualität entwickeln und Dinge tun, die du nie von ihnen erwartet hättest. Wenn sie plötzlich ungeahnt handeln, kannst du sicher sein, dass sie ihren eigenen Weg gehen.

DER CHARAKTER UND SEINE...

...Rolle in der Story. Je intensiver du in die Welt deiner Charaktere eintauchst, desto echter werden sie auf dem Papier wirken. Manche Autor:innen, erstellen so detaillierte Profile, als würden sie sich damit auf einer Dating-Plattform registrieren. Andere wiederum führen Gespräche mit ihren Figuren, als ob sie zum Kaffee verabredet wären. Unabhängig davon, welchen Ansatz du wählst, rate ich dir dazu, einen für dich passenden Weg zu finden, um dich mit deinen Rollen so gut wie möglich zu verbinden.

Wenn du das geschafft hast, gehe noch einen Schritt weiter und sieh dir die Charaktere in ihrem gesamten „sozialen Umfeld" – als Gesamtheit – an. Manchmal neigen wir Autor:innen nämlich dazu, unsere Charaktere wie einzeln ausgestellte Kunstwerke zu präsentieren: Jeder ist sorgfältig poliert und hat seine eigene kleine Geschichte; und trotzdem wirkt er aber irgendwie... isoliert. Wie bei einem Puzzle, dessen Teile nie ein Gesamtbild ergeben. Das Geheimnis? Deine Figuren müssen miteinander interagieren, sich streiten, sich lieben – kurz gesagt, sie müssen in einer dynamischen Beziehung zueinanderstehen.

Also, bitte, stelle deine Charaktere nicht einfach in eine Vitrine und erwarte, dass sie von selbst lebendig werden. Der wahre Zauber entsteht, wenn sie miteinander interagieren. Stellt sich nun die Frage: wie? Dazu sollten wir die verschiedenen Rollen, die ein Charakter einnehmen kann, genauer betrachten (Truby, 2007, S. 58-60):

○ **Der oder die Protagonist:in**

Die Reise des oder der Protagonist:in und sein oder ihr innerer Wandel treiben die Handlung voran. Konflikte und Herausforderungen sind sein oder ihr Spezialgebiet.

Beispiel: *Frodo Beutlin aus „Der Herr der Ringe"*

○ **Der Hauptcharakter**

Er spielt immer eine tragende Rolle, sprich: Wenn du ihn drehst, dreht sich die ganze Story mit. Doch aufgepasst, nicht jeder Hauptcharakter muss zwangsläufig ein oder eine Protagonist:in sein.

Beispiel: *Harry (zusätzlich auch Protagonist), Hermine und Ron aus „Harry Potter"*

○ **Der oder die Antagonist:in**

Er oder sie ist der oder die Gegenspieler:in oder die feindliche Kraft, der oder die um jeden Preis verhindern möchte, dass dein oder deine Protagonist:in seine oder ihre Wünsche erreicht. Seine oder ihre Bestimmung? Dem oder der Protagonist:in das Leben so richtig schwer machen.

Beispiel: *Darth Vader aus „Star Wars"*

○ **Der oder die „falsche" Antagonist:in**

Eine Figur in der Geschichte, die zunächst als Hauptgegenspieler:in oder Feind:in des oder der Protagonist:in wahrgenommen wird, deren Rolle und Motivationen sich jedoch im Verlauf der Erzählung als missverstanden oder weniger feindlich herausstellen. Der Charakter bringt zusätzliche Würze in die Story, weil nichts ist, wie es scheint.

Beispiel: *Jaime Lannister aus „Game of Thrones"*

○ **Der oder die Verbündete**

Der oder die Verbündete ist ein oder eine treue:r Begleiter:in des oder der Protagonist:in, der oder die dabei hilft, die Herausforderungen zu meistern. Diese Figur ist wichtig für die Entwicklung der Handlung und trägt oft zur emotionalen Tiefe und Komplexität des oder der Protagonist:in bei.

Beispiel: *Samwise Gamgee aus „Herr der Ringe"*

○ **Der oder die „falsche" Verbündete**

Auf den ersten Blick wirkt er oder sie wie ein Freund, doch in Wirklichkeit ist er oder sie ein Wolf im Schafspelz. Die wahren Motive und Absichten werden erst später enthüllt und stehen oft im Gegensatz zu den Zielen des oder der Protagonist:in. Der oder die *„falsche"* Verbündete sorgt für Wendepunkte in der Handlung und erhöht die Spannung, indem er oder sie die Herausforderungen für den oder die Protagonist:in verstärkt.
Beispiel: Edmund Pevesie aus „Die Chroniken von Narnia"

○ **Subplot-Charaktere**

Diese Charaktere spielen in einer Nebenhandlung deiner Story eine wichtige Rolle. Sie sind oft nicht direkt an der Haupterzählung beteiligt, tragen aber zur Tiefe und Breite der gesamten Geschichte bei. Sie können parallele Themen erforschen, zusätzliche Konflikte einführen oder die Hauptcharaktere in anderer Weise beeinflussen, indem sie deren Entwicklung und die Handlungsdynamik ergänzen.
Beispiel: Mr. William Collins aus „Stolz und Vorurteil"

Das ist also die bunte Truppe, die deine Story zum Leben erweckt. Jeder oder jede hat seinen oder ihren Platz und sein oder ihr ganz persönliches Geheimnis. Füge sie nun geschickt zusammen und die Magie beginnt sich zu entfalten.

DIE ARCHETYPEN

Eine weitere Möglichkeit, Charaktere miteinander in Beziehung zu stellen, ist über Archetypen, sogenannte „Urmuster", die in Erzählungen immer wieder auftauchen. Hier sind laut Truby (2007, S. 67-71) einige Klassiker, die in keiner guten Story fehlen sollten:

○ **Die Königin oder Mutter**

Fürsorglich, schützend, das Wärmekissen der Geschichte — sie hält alles zusammen.

Beispiel: *Königin Gertrude in „Hamlet"*

Anwendungsbeispiel: *Dein oder deine Protagonist:in findet bei ihr ein offenes Ohr und wertvolle Ratschläge, fernab von oberflächlichem „Blabla".*

○ **Der König oder Vater**

Er ist der Fels in der Brandung, der mit seiner Weisheit und seinem Schnauzbart die Richtung weist. Eine Figur voller Weisheit und Autorität.

Beispiel: *König Arthur aus der Arthur Saga*

Anwendungsbeispiel: *Dein oder deine Protagonist:in schnappt sich ein Stück von seiner Weisheit, um den Drachen in deiner Story zu besiegen.*

○ **Der oder die Mentor:in, weise Figur, Lehrer:in**

Er oder sie weiß alles, kann (fast) alles und hat immer einen guten Spruch auf Lager.

Beispiel: *Obi-Wan Kenobi aus „Star Wars"*

Anwendungsbeispiel: *Dein oder deine Protagonist:in lernt von ihm oder ihr, wie man die dunkle Seite der Macht mit einem Lächeln ausbremst.*

○ **Der oder die Kämpfer:in**

Der oder die Kämpfer:in strotzt vor Mut und hat mehr Muskeln als ein oder eine Bodybuilder:in. Er oder sie zeigt deinem oder deiner Protagonist:in, wie man sich nicht unterkriegen lässt.

Beispiel: *Aragorn aus „Der Herr der Ringe"*

Anwendungsbeispiel: Dein oder deine Protagonist:in lernt von ihm oder ihr, dass man auch mit einem Strohhalm epische Kämpfe gewinnen kann.

○ Der oder die Zauber:in oder der oder die Schaman:in

Er oder sie ist die Figur, die mit einem Fingerschnippen das Wetter ändert und mit Geistern zum Tee plaudert.

Beispiel: Affe Rafiki aus „König der Löwen"

Anwendungsbeispiel: Dein oder deine Protagonist:in entdeckt, dass ein bisschen Magie im Leben nie schadet.

○ Der Trickster

Ein oder eine schelmische:r Unruhestifter:in mit Herz aus Gold.

Beispiel: Joker aus „Batman"

Anwendungsbeispiel: Dein oder deine Protagonist:in lernt vom Trickster, das Leben und seine Stolpersteine mit Humor zu nehmen. Diese Figur bringt Überraschungen und bricht starre Denkmuster auf.

○ Der oder die Artist:in oder Clown

Er oder sie bringt das Lachen, wenn alle anderen die Stirn runzeln und zeigt, dass auch im düstersten Burgkeller noch Platz für einen Witz ist.

Beispiel: Puck aus William Shakespeares „Ein Sommernachtstraum"

Anwendungsbeispiel: Dein oder deine Protagonist:in erkennt, dass Lachen die beste Waffe gegen böse Drachen ist.

○ Der oder die Liebende

Das Herz auf den Beinen, bereit, alles für die Liebe zu tun.

Beispiel: Romeo aus „Romeo und Julia"

Anwendungsbeispiel: Dein oder deine Protagonist:in lernt, dass die Liebe das größte Abenteuer ist – die treibende Kraft für mutige Taten und Entscheidungen.

○ Der oder die Rebell:in

Ein oder eine Einzelgänger:in mit einer Mission. Er oder sie zeigt, dass manchmal ein bisschen Rebellion genau das ist, was die Welt braucht.

Beispiel: Katniss Everdeen aus „Die Tribute von Panem"

Anwendungsbeispiel: Dein oder deine Protagonist:in entdeckt, dass manchmal ein Funke ausreicht, um ein Feuerwerk der Veränderung zu zünden. Die Beziehung mit einem oder einer Rebell:in kann dem oder der Protagonist:in aufzeigen, dass es mutig ist, gegen den Status Quo anzukämpfen und für die eigenen Überzeugungen einzustehen.

Kombiniere diese Archetypen, um vielschichtige Charaktere zu entwickeln. Sie sind wie die Farben auf deiner Erzählpalette – also, leg los und male dein Meisterwerk!

DAS CHARAKTER- NETZ

Wie schon am Anfang dieses Kapitels erwähnt, solltest du daran denken, deine Charaktere nicht isoliert zu betrachten, sondern sie im Zusammenspiel aller Figuren deiner Story zu entwickeln. Hier kommt das Konzept des Charakternetzes ins Spiel (Truby, 2007, S. 57). Stell dir vor, jede Rolle ist ein Knotenpunkt in einem Netz, und die Linien, die diese Punkte miteinander verbinden, symbolisieren ihre Beziehungen zueinander. Dies geht über die grundlegenden Archetypen hinaus und zeigt, wie die Persönlichkeiten auf verschiedenen Ebenen miteinander interagieren.

Was es dabei zu berücksichtigen gilt:

O **Die Dynamik der Beziehungen:**
Wie ein Gummiband, manchmal straff gespannt und manchmal locker hängend, verändern sich Verbindungen im Laufe der Zeit. Wer wird zum BFF (*„best friend forever"*) und wer zum Ex-BFF?

O **Die Verknüpfung zu den Hauptthemen:**
Achte darauf, dass die Beziehungen im Charakternetz die großen Fragen der Story unterstreichen und die zentralen Ideen der Handlung unterstützen. Tragen sie zum Gesamtkonzept bei?

O **Unterschiedliche Beziehungsarten:**
Es ist nicht alles schwarz oder weiß; Liebe oder Krieg. Denk an die volle Bandbreite: beste Freund:innen, verstrickte Familienbande, Lehrer:innen, die zu Mentor:innen werden. Diese Vielfalt bringt Tiefe in die Handlung.

○ **Rückkopplung und Entwicklung:**

Statische Beziehungen? Langweilig! Lass deine Charaktere durch ihre Verbindungen wachsen, sich verändern und vielleicht sogar die Richtung wechseln.

○ **Ausgewogenheit bewahren:**

Ein Charakternetz so dicht wie Omis Strickmuster kann schnell überwältigend werden. Halte es sinnvoll – jede Verbindung sollte deine Story bereichern, nicht verkomplizieren.

Beispiel: Harry Potter

In *„Harry Potter"* von J.K. Rowling zeigt das Charakternetz, wie die Freundschaft zwischen Harry, Hermine und Ron das Herzstück der Geschichte bildet – sie gibt Harry die Kraft, dunklen Mächten die Stirn zu bieten. Jede Beziehung in diesem magischen Netz trägt dazu bei, dass die Story lebendig, vielschichtig und einfach unvergesslich wird.

Damit es greifbarer für dich wird und du es für deine eigene Story anwenden kannst, habe ich mich gleich daran versucht, das Charakternetz zu skizzieren (siehe auch die **Grafik** auf der nächsten Seite):

1. **Zentraler Knotenpunkt: Harry Potter**

    (Harry platzieren wir in der Mitte des Netzes)
    - **Verbindung 1:** Hermine Granger
    - **Verbindung 2:** Ron Weasley

2. **Verbindung 1: Hermine Granger**
    - Sie ist eine enge Freundin seit dem ersten Schuljahr in Hogwarts.
    - Harry bewundert Hermines Wissen und verlässt sich oft auf ihre analytische Denkweise, um komplizierte Probleme zu lösen.
    - Er verlässt sich auf Hermine als Stimme der Vernunft, da er oft dazu neigt, impulsive Entscheidungen zu treffen.
    - Ihre moralische Integrität stärkt Harrys eigenen Sinn für Gerechtigkeit.
    - Er bewundert Hermine für ihre Intelligenz und Loyalität, was ihm zeigt, wie wichtig gegenseitiger Respekt und Vertrauen sind.

3. **Verbindung 2: Ron Weasley**
    - Harry und er teilen eine brüderliche Bindung.
    - Er schätzt Rons unerschütterliche Treue, denn egal, wie gefährlich die Situation ist, er weiß, dass Ron an seiner Seite bleibt.
    - Ron gibt Harry das Gefühl von Familie und Normalität, was besonders in schwierigen Zeiten wichtig für ihn ist.
    - Harry bewundert Rons Fähigkeit, in düsteren Momenten mit Humor für Auflockerung zu sorgen und ihm so immer wieder Mut zu machen.

Gemeinsame Themen und Ereignisse:
○ Kampf gegen Lord Voldemort und seine Anhänger.
○ Mitgliedschaft im Orden des Phönix und in Dumbledores Armee.
○ Gemeinsames Durchstehen von Prüfungen und Wettbewerben (zum Beispiel das Trimagische Turnier).

Diese Mindmap könnte visuell so dargestellt werden, dass jeder Charakter als Knoten mit Linien gezeichnet wird, die zu den anderen führen, wobei jeder Verbindungslinie spezifische Eigenschaften oder Ereignisse zugeordnet werden.

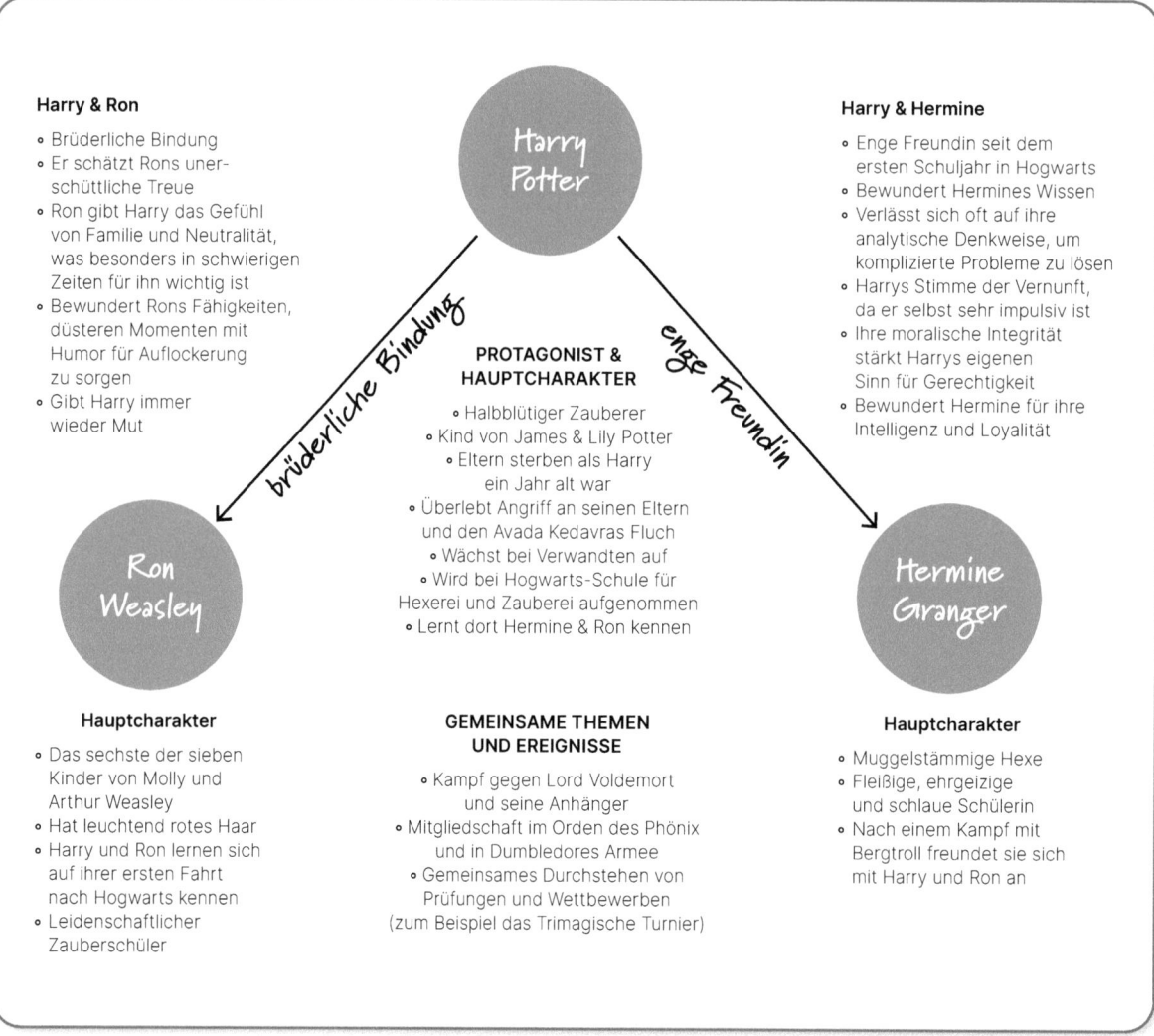

Für deine eigene Story rate ich dir dieses Charakternetz auf ein großes Blatt Papier zeichnen, um es so detailliert wie möglich darzustellen. Auch dieses Kunstwerk verdient dann einen Platz in deinem Schreibumfeld.

DIE CHARAKTER-ERSTELLUNG

Ich hoffe, dass dir beim Lesen bis hierher deutlich geworden ist: Das Entwickeln deiner Charaktere bedeutet mehr als nur, sie aufs Papier zu zeichnen und „Bingo!" zu rufen. Vielmehr schlüpfst du in ihre Sneakers, ziehst ihre Eigenheiten wie einen Lieblingspullover an und betrachtest das Geschehen durch ihre Augen.

Bevor wir aber noch tiefer in ihr Universum eintauchen, sehen wir uns noch an, mit welchen Grundbausteinen du deinen Charakter ausstatten solltest. Laut Brody (2018, S. 10) sind es diese Dinge hier:

- **Einen Konflikt** (oder eine Schwäche beziehungsweise einen Makel, der ausgebügelt werden muss)
- **Einen Wunsch** (oder Ziel, dem der oder die Protagonist:in nachjagt)
- **Einen Bedarf** (oder eine Lebenslektion, die gelernt werden will)

Mit nachfolgenden Übungen sehen wir uns das aus praktischer Sicht an:

◇ **ÜBUNG: DEINE TOP-FÜNF-PARADE**

Schreibe eine Liste der fünf liebsten Charaktere aus den Büchern, die dir so richtig gefallen haben.

Nummer 1 ....

Nummer 2 ....

Nummer 3 ....

Nummer 4 ....

Nummer 5 ....

Für jeden dieser Charaktere suchst du dir drei Sachen aus, die sie für dich besonders machen. Das kann alles Mögliche sein: eine Schwäche, eine Eigenart, ihr Kleidungsstil, Superkräfte, und so weiter.

Nummer 1 ....

Nummer 2 ....

Nummer 3 ....

Nummer 4 ....

Nummer 5 ....

◇ **ÜBUNG: JETZT KOMMT DER KREATIVE TEIL**

Schnappe dir ein paar dieser Merkmale aus deinem bunten Charakter-Potpourri und bring sie zusammen. Entwirf jetzt einen Steckbrief für deine brandneue Figur mit genau diesen Eigenschaften. Vergiss nicht, ihm oder ihr auch einen Namen zu geben.

Name: ....

Eigenschaften: ....
....
....
....
....
....

Voilà!

◇ **JETZT, WO DU ÜBER EINEN NEUEN CHARAKTER VERFÜGST, LERNEN WIR IHN NOCH BESSER KENNEN**

Wie unterscheiden sich die Erfahrungen dieser Rolle von meinen eigenen?

....
....
....
....
....
....

Welche Recherchen kann ich anstellen, um sicherzugehen, dass ich diese Erlebnisse so authentisch und respektvoll wie möglich darstelle?

....
....
....
....
....
....

Gibt es Ereignisse, die diese Persönlichkeit und ich gemeinsam haben?

....
....
....
....
....
....

Warum sticht dieser Charakter in seiner Welt so hervor?

....
....
....
....
....
....

Welchen Herausforderungen steht die Figur gegenüber, sei es durch äußere Umstände oder innere Konflikte?

....
....
....
....
....
....
....

Indem du diese Fragen beantwortest, merkst du vielleicht, dass du deinem Charakter noch mehr Tiefe geben kannst – etwa durch eingeflochtene Konflikte und Hintergrundgeschichten.

◇ **ÜBUNG: WIR MACHEN EINEN AUSFLUG!**

Für diese Übung packst du deine Neugier in die Tasche und ziehst dir bequeme Schuhe an – es wird Zeit für eine kleine Exkursion. Wir verlassen den gewohnten Schreibtisch und begeben uns in die wilde Welt da draußen. Cafés, Parks oder belebte Straßen werden zu unseren Forschungslaboren, in denen wir das menschliche Verhalten in seiner natürlichen Umgebung beobachten.

Vergiss dein Notizbüchlein nicht!

◇ **SCHRITT 1: BEOBACHTUNGSPHASE**

Setz dich in ein Café, einen Park oder an einen anderen öffentlichen Ort, wo du Leute beobachten kannst, ohne aufzufallen. Achte auf die Menschen um dich herum. Konzentriere dich besonders auf ihre Gesten, Kleidung, Art zu sprechen oder Interaktionen mit anderen.

◇ **SCHRITT 2: DETAILJÄGER**

Wähle eine Person aus, die dir besonders ins Auge sticht. Beschreibe ihr Aussehen von der Frisur, bis hin zu den Schuhen und achte auf ihr Verhalten. Überlege dir, was diese Details über die Person aussagen könnten.

◇ **SCHRITT 3: CHARAKTERERSTELLUNG**

Erschaffe einen fiktiven Charakter auf Basis deiner Beobachtungen. Gib ihm einen Namen, eine Hintergrundgeschichte und ein Ziel oder Problem, das er in deiner Story bewältigen muss. Überlege dir, wie die von dir beobachteten Eigenheiten die Persönlichkeit und die Handlungen beeinflussen könnten.

◇ **SCHRITT 4: SCHREIBE LOS**

Verfasse eine kurze Szene, in der dein neuer Charakter eine Schlüsselrolle spielt. Arbeite dabei gleich die beobachteten Details ein.

Diese Übung hilft dir, deine Beobachtungsgabe zu schärfen und inspiriert dich, vielschichtige Akteure zu erschaffen, die aus dem echten Leben gegriffen wurden.

Na, bist du schon voller Ideen?

DEIN ODER DEINE PROTAGONIST:IN

Lass uns jetzt gemeinsam das Profil deines oder deiner Protagonist:in erstellen. Möchtest du es lieber digital gestalten? Kein Problem, hier kannst du es herunterladen:

ONLINE-VORLAGE
🌐 https://storify.ing/storybook
🔒 Passwort: Storybook.1719

Allgemeine Informationen:

Name:	
Rolle:	
Drei Worte, die diesen Charakter beschreiben:	
Alter:	**Geschlecht:**
Nationalität:	**Sozialer Status:**
Beruf:	**Bildung:**
Ort:	**Politische Einstellung:**
Religion:	

Beschreibung der Wohnsituation:

Wohnung, Haus, wo schläft der Charakter, wie sieht das Wohnzimmer aus, et cetera

Haustiere?

Talente/besondere Fähigkeiten:

Hobbies:

Die Top 3 Dinge, die er oder sie am meisten schätzt im Leben:

Gibt es einen Gegenstand, von dem er oder sie sich nicht trennen kann, und warum?

Wenn jedes Mal ein Lied spielen würde, sobald dieser Charakter den Raum betritt, welches Lied wäre das?

Lieblingsband, -lieder:

Lieblingsfilm/TV Shows:

Lieblingsbuch:

Lieblingsessen:

Lieblingssport:

Situation:

Wie steigt dein Charakter in die Story ein?

Die großen drei Fragen

1. Was möchte .... [Name]
mehr als alles andere auf der Welt?

2. Welche großen Schwächen (interne Probleme) und Hindernisse (externe Probleme) werden ihm oder ihr im Weg stehen? Welche Stärken/Fähigkeiten (interne Unterstützung) und Hilfe (externe Unterstützung) werden zur Verfügung stehen?

3. Wird .... [Name] erreichen, was er oder sie will? Wird er oder sie sich im Laufe der Story deutlich verändern? Warum oder warum nicht?

HINWEIS:

Wenn Figuren in einer Story eine drastische Transformation durchlaufen – sei es körperlich, mental oder moralisch –, wird ihnen häufig ein neuer Name gegeben, um diesen tiefgreifenden Wandel symbolisch zu markieren. So wird aus Bruce Wayne, der als Mensch seinen Kampf im Verborgenen führt, der legendäre Batman, der eine völlig andere Rolle und Position in der Gesellschaft einnimmt und für eine höhere Mission steht.

Das Aussehen

Größe:	Statur:
Haare:	Hautfarbe:

Gesichtsmerkmale:

Unterscheidungsmerkmale:

Kleidungsstil:

Beschreibe ein typisches Outfit von Kopf bis Fuß.

TIPP:

Wenn du einen guten Überblick hast, wie dein oder deine Protagonist:in aussehen soll, lass doch unsere KI-Buddies ChatGPT & Co. ein Bild für sie oder ihn erstellen. Das Visualisieren macht ihn oder sie für dich noch greifbarer und wird dir im Abschnitt „ChatGPT & Co. Prompts" als dein persönlicher Charakter-Stylist noch genauer erklärt.

Um deine Charaktere greifbarer und individueller zu machen, können auch Gegenstände eine entscheidende Rolle spielen. Sie verleihen der Figur Einzigartigkeit und machen sie für Leser:innen leichter vorstellbar. Symbole wie Indiana Jones' Hut und Peitsche, Harry Potters runde Brille und Narbe oder Zorros Maske und Degen prägen diese Charaktere und schaffen ein unverkennbares Bild. Solche Merkmale sollten regelmäßig in Verbindung mit der Figur auftauchen, damit sie im Gedächtnis bleiben.

Die Sprache

Tonfall:

(schnell, leise, monoton, et cetera)

Sprache:

(Muttersprache, Deutsch, Italienisch, erfundene Sprache et cetera)

Akzent:

Lieblingssätze:

Das Verhalten

Persönlichkeitstyp:

(zum Beispiel anhand von einem Enneagramm-Strukturmodell oder dem Myers-Briggs-Typenindikator, MBIT)

Temperament:

(easy-going, leicht reizbar, et cetera)

Gewohnheiten:

Manieren/Gesten:

(zum Beispiel mit den Händen gestikulieren, wenn sie sprechen, immer den Blick auf den Boden gerichtet halten et cetera)

Größte Angst:

Was macht ihn oder sie traurig?

Wie reagiert er oder sie auf emotionalen Schmerz?

Was ist sein oder ihr Irrglaube über die Welt?

Wofür kritisiert er oder sie andere am häufigsten?

Wie manipuliert er oder sie andere?

Größtes Geheimnis:

Was ist der Grund, warum das Geheimnis so lange verschwiegen wurde?

Wie zeigt er oder sie Liebe?

Die Hintergrundgeschichte

Wo ist dein Charakter aufgewachsen?

Wie würdest du die Kindheit deines Charakters beschreiben?

Wie würdest du die Jugendzeit beschreiben?

Wie sieht es mit dem Erwachsenenleben aus?

Wie war das familiäre Umfeld?

Welche Erziehung hat dein Charakter genossen?

Was waren entscheidende Erlebnisse in der Vergangenheit?

Gibt es etwas, das dein Charakter bereut?

Was war die beste Tat?

Was war die schlimmste Tat?

Was war das peinlichste Erlebnis?

Welche Personen haben den Charakter beeinflusst? Warum?

Verhalten zu anderen Charakteren

Stelle dir nachfolgende Fragen für dein Charakternetz
und zeichne es dir auf (siehe auch S. 126, "Charakternetz").

Was denken andere Figuren über ihn oder sie?

Was mögen sie an ihm oder ihr? Warum?

Was mögen sie nicht an ihm oder ihr? Warum?

DEIN ODER DEINE ANTAGONIST:IN

Fülle nun nachfolgende Fragen für deinen oder deine Antagonist:in aus. Falls er oder sie keine konkrete Person ist, sondern eher eine abstrakte Herausforderung oder ein Konzept darstellt, die oder das deinem oder deiner Protagonist:in entgegensteht, dann entwickle vier alternative Fragen. Diese sollten dazu dienen, die Natur und die Auswirkungen dieser Herausforderung auf deinen oder deine Protagonist:in genauer zu erforschen.

Name:

Rolle:

Drei Worte, die diesen Charakter beschreiben:

Warum steht der oder die Antagonist:in deinem oder deiner Protagonist:in im Weg?

Was hält er oder sie von dem oder der Protagonist:in?

Hat er oder sie sympathische Eigenschaften oder ist er oder sie einfach nur böse?

Hat er oder sie geheime Schwächen?

PROTAGONIST:IN VERSUS ANTAGONIST:IN

Da du beide nun kennen gelernt hast, stelle sie einander gegenüber und versichere dich, dass sie alles haben was sie brauchen, um deine Story voranzubringen:

PROTAGONIST:IN		ANTAGONIST:IN
	Hauptziel/e	
	Pläne, um den oder die andere:n zu bekämpfen	
	Stärken	
	Schwächen	
	Die wichtigsten Eigenschaften	
	Überraschende Eigenschaften	

DEINE NEBENCHARAKTERE

Für jede deiner unterstützenden Figuren erstelle ein separates Profil.
Kopiere die Seiten oder nutze die Online-Vorlage, um sie einfach zu
duplizieren und anzupassen.

Name:
Rolle:
Drei Worte, die diesen Charakter beschreiben:
Woher kennen sie den oder die Protagonist:in?
Was mögen sie an ihm oder ihr? Warum?
Was mögen sie nicht an ihm oder ihr? Warum?
Wo stimmen sie dem oder der Protagonist:in nicht zu?
Ähnlichkeiten zum oder zur Protagonist:in:
Unterschiede zum oder zur Protagonist:in:

5 FEHLER, DIE DU BEI DER CHARAKTERERSTELLUNG MACHEN KANNST

Vermeide bitte unbedingt diese Fallstricke:

FEHLER NUMMER 1: Mangelndes Setting

Was viele Autor:innen vergessen: Die Bühne, auf der deine Story spielt, ist genauso wichtig wie die Charaktere selbst. Stell dir vor, du siehst ein Theaterstück, aber es gibt kein Bühnenbild. Die Schauspieler:innen stehen einfach so in ihren Kostümen da und sprechen ihre Texte. Wirkt irgendwie komisch, oder? Ohne Kulisse fehlt der Kontext; die Story wirkt leer und leblos. Genau so ist es auch beim Schreiben. Das Setting ist die unsichtbare Bühne, auf der deine Figuren zum Leben erwachen. Es ist die Welt, in der sie sich bewegen, atmen und handeln.

So gestaltest du ein interessantes Setting:

O Verwende alle Sinne:

Beschreibe nicht nur, wie das Setting aussieht, sondern auch wie es riecht, klingt, schmeckt und sich anfühlt. Auf diese Weise ziehst du die Leser:innen in die Welt deiner Story hinein.

O Sei kreativ:

Das Setting muss nicht zwingend realistisch, sondern kann auch magisch, futuristisch oder märchenhaft sein. Wichtig ist nur, dass es zur Story und den Charakteren passt.

O Verwende das Setting als erzählerisches Mittel:

Lass deine Charaktere mit der Umgebung interagieren. So zeigst du den Leser:innen, wie sie denken und fühlen.

FEHLER NUMMER 2: Eindimensionalität

Charaktere, die lediglich eine einzige Facette aufweisen, wirken wie flache Pappfiguren auf der Bühne, die kaum in der Lage sind, das Publikum zu begeistern. Im Gegensatz dazu zeichnen sich gut ausgearbeitete Persönlichkeiten durch ihre Vielschichtigkeit aus: Sie besitzen mehrere Eigenschaften, innere Konflikte und eigene Ziele, ähnlich wie reale Menschen. Diese Komplexität verleiht ihnen Authentizität und macht sie faszinierend. Genau das braucht es, um die Story anzutreiben.

So gestaltest du vielschichtige Charaktere:

O Mehr als eine Eigenschaft:

Betrachte Stärken, Schwächen, Ängste und Sehnsüchte.

O Zeige innere Widersprüche:

Perfektion ist unrealistisch. Lass deine Charaktere auch einmal straucheln.

O Gib ihm ein Ziel: Was will dein Charakter erreichen?

Was ist sein Antrieb? Ein klares Ziel zeigt deinem Charakter eine Richtung und sorgt dafür, dass die Story voranschreitet.

. . . .

TIPP:

Hast du jemals in Erwägung gezogen, einen Persönlichkeitstest für deine Charaktere zu machen? Klingt witzig, doch solche Instrumente aus der Psychologie können tatsächlich sehr nützlich sein, um deine Akteure tiefer zu verstehen. Sie helfen dir nicht nur, ihre Handlungsweisen und Reaktionen gemäß ihrem Persönlichkeitstyp besser nachzuvollziehen, sondern auch, ihre Entwicklung authentischer zu gestalten. Besonders interessant wird es, wenn sie gelegentlich von ihrem vorgegebenen Typ abweichen und unerwartete Verhaltensweisen zeigen. Probiere es doch einfach einmal aus!

. . . .

FEHLER NUMMER 3: Zu perfekt

Ein oder eine makellose:r Held:in, der immer die richtigen Entscheidungen trifft und niemals Fehler macht – klingt auf den ersten Blick nach der perfekten Hauptfigur für deine Story. Ist Perfektion wirklich das Ziel? Ich finde nicht, denn ein Charakter ohne Ecken und Kanten kann schnell langweilig und unnahbar wirken.

Warum Fehler und Schwächen deine Charaktere besser machen:

O Sie machen deine Charaktere **menschlich**, denn niemand ist perfekt. Jeder Mensch hat Fehler und Schwächen.

O Leser:innen können sich leichter mit einem Charakter **identifizieren**, der Fehler macht und mit den gleichen Herausforderungen wie sie selbst zu kämpfen hat.

O Sie bieten die Möglichkeit, deine Charaktere wachsen und sich im Laufe der Story **entwickeln zu lassen**.

FEHLER NUMMER 4: Stereotypen

Der Bösewicht ist ein schmieriger, geldgieriger Mann mit einem slawischen Akzent – was für ein Klischee! Solche Stereotypen mögen auf den ersten Blick vertraut und bequem sein, aber sie ersticken leider das kreative Potenzial deiner Story und führen zu... Langeweile!

HINWEIS:

Sei dir aktueller gesellschaftlicher Debatten um Stereotypen und Diskriminierung bewusst.

So brichst du aus den Klischees aus:

O Hinterfrage gängige **Stereotypen** und traue dich, neue, unerwartete Charakterzüge und Hintergründe zu entwickeln.

O Ergründe die **Motivationen** deiner Individuen, ihre Ängste und Sehnsüchte. Gib ihnen eine einzigartige Stimme und Persönlichkeit.

O Schaffe einen **bunten Mix** an Figuren mit unterschiedlichen Ethnien, Kulturen, Geschlechteridentitäten und sexuellen Orientierungen.

FEHLER NUMMER 5: Inkonsistentes Verhalten

Ein Charakter, der heute so und morgen ganz anders handelt, ohne dass dies durch den Verlauf der Geschichte gerechtfertigt wird, verliert schnell an Glaubwürdigkeit. Konsistenz ist die Basis für überzeugende und spannende Charaktere. Jede Veränderung im Verhalten sollte durch die Entwicklung der Figur oder durch Ereignisse in der Story motiviert sein.

TIPP:

Konsistenz bedeutet nicht Einfalt. Widersprüche und Brüche im Verhalten deiner Charaktere können die Story extrem bereichern und auch die Spannung erhöhen. Zeige die inneren Kämpfe und die Entwicklung deiner Figuren, dann schaffst du Vielschichtigkeit und Glaubwürdigkeit.

So erzeugst du konsistente Charaktere:

O Definiere den Kern deiner literarischen Gestalten:
Welche Werte, Ziele und Motivationen prägen ihr Handeln?

O Verfolge ihre Entwicklung:
Wie verändern sie sich im Laufe der Geschichte? Welche Erfahrungen prägen sie?

O Verbinde ihre Handlungen mit der Story:
Jedes Verhalten sollte durch die Situation oder die Entwicklung der Charaktere motiviert sein.

Ich habe noch einen „Bonus-Fehler" für dich, falls man das so nennen kann. Doch ohne diesen, möchte ich dich nicht weiterziehen lassen:

FEHLER NUMMER 6: Mangelnde Entwicklung

Stellen wir uns ein Buch vor, in dem der oder die Protagonist:in am Ende genau so handelt und denkt wie am Anfang. Was für eine Enttäuschung! Die Chance, ihn oder sie durch die Herausforderungen der Story wachsen und sich verändern zu lassen, wurde vertan.

Das kannst du dagegen tun:

O Zeige ihre inneren Kämpfe:

Lasse den oder die Leser:in an den Zweifeln, Ängsten und Sehnsüchten deiner Charaktere teilhaben. So werden sie greifbar und menschlich.

O Wachstum und Veränderung als emotionale Bindung:

Der oder die Leser:in fiebert mit den Charakteren mit, wenn sie Herausforderungen meistern und über sich hinauswachsen. So entsteht eine emotionale Bindung zur Story.

O Veränderungen durch Konflikte und Herausforderungen:

Zeige, wie deine Figuren mit den Widrigkeiten des Lebens umgehen. Lass sie Fehler machen, aus ihnen lernen und sich weiterentwickeln.

DAS AUSSEHEN DEINER CHARAKTERE

Ist dein Charakter nun bis auf die letzte Eigenschaft skizziert? Perfekt, dann ist Showtime und Zeit, deine Gedankenhelden aus dem Kopfkino auf die große Bühne zu bringen. Jetzt wollen wir sie auch sehen! Doch wie kriegen wir das hin? Du kannst entweder auf digitale Schatzsuche gehen und Bilder auf einem Moodboard sammeln, die deinen Figuren entsprechen und nach Charakter-Generatoren Ausschau halten, oder – und jetzt kommt der Clou – du lässt künstliche Intelligenz kreieren. Klingt spannend, nicht? Lass es uns gleich näher betrachten.

CHARAKTER-
STYLIST...

...ChatGPT & Co. Während der Charaktererstellung haben wir zahlreiche Fragen durchgearbeitet, um ein tiefgehendes Verständnis deiner Charaktere zu entwickeln. Jetzt, mit einem klaren Bild vor Augen, bietet uns die künstliche Intelligenz als kreatives Tool spannende Möglichkeiten, diese Charaktere lebendiger zu gestalten.

Die KI ist dein kreativer Begleiter – sie unterstützt dich dabei, Charaktere zu formen, Lebensgeschichten zu entwerfen und ein Netzwerk aus Eigenschaften zu knüpfen. Aber wie sieht es mit der Visualisierung aus? Hole dir hier noch mehr Inspiration:

O **Detailverliebt:**
   Schnappe dir die wildesten Details deiner Figur – zerzaustes Haar, freches Grinsen, einzigartiger Stil und gib sie bei „DALL-E" auf ⊕ *https://chatgpt.com* ein (falls du einen kleinen Refresher dazu brauchst, gehe zurück zum Abschnitt **„KI für deine Zielgruppe?"** auf Seite 87). Im Handumdrehen entsteht ein Bild, das fast zum Leben erwacht.

O **Mix and Match:**
   Unsicher, ob Punk oder Hipster? Mit ChatGPT wechselst du Styles schneller als dein Charakter seine Meinung. Probier's aus und finde den perfekten Look!

O **Der Inspirationskick:**
   Manchmal löst ein Detail in der Visualisierung – ein Tattoo, ein Blick, eine Narbe – plötzlich eine ganze Story aus.

O **Ganz die Mama:**
   Planst du eine Story-Saga? „DALL-E" hilft dir, eine visuelle Familien-ähnlichkeit unter deinen Charakteren zu bewahren. Ideal, um Oma Ednas scharfe Nase durch alle Generationen durchzuziehen.

CHATGPT & CO.
PROMPTS

Wenn du einmal stecken bleibst und keine Ideen
für die Charakterentwicklung hast, kann ChatGPT
ein wertvoller Helfer sein.

Nutze gezielte Prompts, um das Tool dazu zu bewegen, basierend auf
deinen Angaben neue Figuren zu kreieren. Gib einfach Grundelemente
wie Beruf, Eigenschaften und Lebensgeschichte an, und ChatGPT
assistiert dir bei der Ausarbeitung authentischer und markanter Persönlichkeiten. Diese Methode ermöglicht es dir, effizient Individuen zu gestalten, die perfekt zu deiner Erzählung passen.

CHARAKTERERSTELLUNG

ChatGPT schöpft aus einer breiten Palette von Eigenschaften und
Hintergründen, die du spezifizierst, um dich bei der Charaktererstellung
zu unterstützen. Nachfolgend findest du drei unterschiedliche Prompts,
damit du siehst, in welche Richtung es gehen kann:

ChatGPT Prompt-Tipp Nummer 1:

Bitte hilf mir, ein detailliertes Charakterprofil für
die Protagonistin Anna zu entwerfen. Der Roman behandelt das zentrale Thema Vertrauen und begleitet
Anna auf einer bedeutenden, inneren Reise, die vor
allem Frauen zwischen 18 und 40 Jahren berühren soll.

Folgende Informationen sollen enthalten sein:

    (1) Vollständiger Name: [Vor- und Nachname,
        eventuell mit Bedeutung oder Hintergrund,
        der zum Thema Vertrauen passt]
    (2) Alter: [Genaues Alter innerhalb der Ziel-
        gruppe]
    (3) Physische Beschreibung: [Aussehen, Stil,
        markante Merkmale]

(4) Persönlichkeitseigenschaften: [Charakter-
    stärken und Schwächen, emotionale Tiefe]
(5) Hintergrund und Familie: [Kindheit, familiä-
    re Beziehungen, prägende Erlebnisse]
(6) Beruf und Fähigkeiten: [Berufliche Ziele,
    besondere Talente, was sie gut kann]
(7) Interessen und Hobbys: [Aktivitäten, die sie
    entspannt oder inspirieren]
(8) Wichtigste Herausforderungen und Ziele:
    [Hindernisse, die sie überwinden muss, und
    was sie erreichen möchte]
(9) Beziehungen zu anderen Charakteren: [Freund-
    schaften, Familie, romantische oder berufli-
    che Verbindungen]
(10) Entwicklung im Laufe der Geschichte: [Wie sie
    sich durch ihre Reise verändert und wächst,
    insbesondere in Bezug auf Vertrauen]

Erstelle das Charakterprofil als strukturierten
Text mit Überschriften für jeden der oben
genannten Punkte.

ChatGPT Prompt-Tipp Nummer 2:

Fertige eine detaillierte Charakterbeschreibung von
Annas Antagonisten an. Der Antagonist soll Annas
Gegenspieler sein, sowohl in Bezug auf Persönlichkeit als auch äußerlich. Er oder sie sollte eine
komplexe Figur sein, deren Handlungen und Motivation
nachvollziehbar, aber konträr zu Annas Werten und
Zielen sind.

ChatGPT Prompt-Tipp Nummer 3:

Generiere eine komplexe Hintergrundgeschichte für
einen Charakter, der mit dem Verlust eines gelieb-
ten Menschen zu kämpfen hat und nun vor der Entscheidung steht, seiner Angst zu begegnen oder vor
ihr zu fliehen.

(1) Vorgeschichte des Charakters:
    Wer ist der Charakter (Name, Alter, Beruf,
    persönliche Eigenschaften)? Wie war sein Le-
    ben vor dem Verlust?
(2) Der geliebte Mensch:
    Wer war die verstorbene Person (z. B. Part-
    ner, Familienmitglied, enge:r Freund:in)?
    Welche Beziehung verband die beiden, und wie
    hat diese Beziehung den Charakter geprägt?
(3) Der Verlust:
    Was war die Ursache für den Verlust (zum

Beispiel Unfall, Krankheit, plötzlicher Vorfall)? Wie hat der Verlust den Charakter emotional und praktisch beeinflusst?

(4) Aktuelle Situation:
Wo befindet sich der Charakter jetzt im Leben? Welche Angst oder Herausforderung steht ihm bevor? Was hält ihn zurück, und was könnte ihn antreiben, sich dieser Angst zu stellen?

(5) Innere Konflikte und Entscheidungen:
Was sind die größten inneren Konflikte des Charakters in Bezug auf den Verlust und die Angst? Welche potenziellen Wege könnten ihm offenstehen (zum Beispiel Konfrontation, Flucht, Transformation)?

(6) Charakterentwicklung:
Wie könnte sich der Charakter durch diese Erfahrung entwickeln? Gibt es Hinweise auf mögliche Wendepunkte

Erstelle eine zusammenhängende und emotionale Erzählung (maximal 250 Wörter), die die oben genannten Punkte abdeckt. Die Hintergrundgeschichte sollte den Charakter tiefgründig und glaubwürdig machen, mit emotionaler Tiefe und narrativer Spannung.

Macht Spaß, nicht?

Bitte bedenke, dass die Ideen von ChatGPT eher *„Mainstream"* sind und du immer noch deine persönliche Note einbringen musst.

VISUALISIERUNG

Jetzt, wo du die inneren Werte deines Charakters kennst, lass ihn oder sie uns ins Rampenlicht rücken. Dank KI musst du nicht mehr stundenlang das Internet nach dem perfekten Bild durchforsten. Ob du nun ein detailliertes Moodboard erstellen oder direkt ein lebensechtes Bild deines Charakters vor Augen haben möchtest – die KI macht's möglich.

ChatGPT Prompt-Tipp Nummer 1:

Erstelle mir ein detailliertes Porträt eines Protagonisten basierend auf der folgenden Beschreibung:

Name: Alex Martin
Alter: 28 Jahre
Beruf: Umweltwissenschaftler

Aussehen: Alex hat kurzes, lockiges, dunkelbraunes Haar und leuchtend grüne Augen, die Neugier und Intelligenz ausstrahlen. Seine Haut ist sonnengebräunt, und er trägt leichte Sommersprossen auf der Nase. Alex' Garderobe besteht hauptsächlich aus lässiger, funktionaler Kleidung, wie Jeans und T-Shirts, die oft mit einer Lederjacke und Wanderschuhen kombiniert werden. Er hat eine athletische Statur, dank seiner Leidenschaft für Outdoor-Aktivitäten wie Wandern und Kajakfahren.

Persönlichkeitseigenschaften: Alex ist ein leidenschaftlicher Umweltschützer, der sich tief mit der Natur verbunden fühlt. Er ist intelligent, einfallsreich und hat ein starkes Gerechtigkeitsempfinden. Trotz seiner manchmal nachdenklichen Art hat er einen trockenen Humor, der in unvorhersehbaren Momenten zum Vorschein kommt.

Besondere Merkmale: Er trägt immer ein gewebtes Armband, das er auf einer seiner vielen Reisen erworben hat, und hat eine kleine Narbe über der linken Augenbraue von einem wilden Campingunfall.
Hintergrund: Alex wuchs in einer ländlichen Gegend auf und entwickelte früh eine Liebe zur Natur, die sein Studium und seine Karriere beeinflusste. Seine Forschungsarbeit führt ihn oft an exotische Orte, wo er Daten über die Auswirkungen des Klimawandels sammelt.

Visualisiere Alex in einer natürlichen Umgebung, die seine Verbindung zur Natur und seinen Abenteuergeist widerspiegelt, möglicherweise während einer Feldforschung in einem dichten Wald oder beim Überqueren eines reißenden Flusses.

Lass uns einen Schritt weiter gehen: Nehmen wir an, du hast in deinen Recherchen ein Bild gefunden, das dir vom Stil her sehr gut gefällt. Wie diese beiden Bilder zum Beispiel:

Du möchtest es für deinen Protagonisten Alex Martin verwenden. Dafür musst du deinen ersten Prompt nur um folgende Informationen erweitern:

ChatGPT Prompt-Tipp Nummer 2:

```
Erstelle mir im Stil des angehängten Bildes ein de-
tailliertes Porträt eines Protagonisten basierend
auf der folgenden Beschreibung:
[Füge die Informationen von Prompt 1 ein]
```

ChatGPT hat mir zunächst dieses Bild generiert, bei dem er Bildausschnitte und Text eingefügt hatte:

Das war nicht das, was ich mir erwartet hatte, daher musste ich nachfassen:

ChatGPT Prompt-Tipp Nummer 3:

Bitte zeige nur ein Bild und keine Bildausschnitte im Bild.

Voilà, damit können wir uns doch zufriedengeben:

ChatGPT Prompt-Tipp Nummer 4:

Erstelle ein hochdetailliertes, realistisches 3D-Porträt einer jungen Frau mit dunklen Haaren und sanften Gesichtszügen. Ihr Ausdruck ist ruhig und zugänglich, mit einem sanften Lächeln und Augen, die Tiefe und Verständnis andeuten. Die Beleuchtung sollte weich und schmeichelhaft sein, ihre Gesichtszüge mit einem warmen Schein hervorheben, der eine natürliche Umgebung suggeriert. Der Hintergrund sollte neutral sein, um den Fokus auf sie zu legen, und das Gesamtbild sollte eine Atmosphäre von Raffinesse und Eleganz ausstrahlen.

KI-CHARAKTER-TOOLS ZUM AUSPROBIEREN

Neben ChatGPT gibt es noch eine ganze Reihe anderer KI-Tools, die es wert sind, ausprobiert zu werden. Lass uns einen Blick auf einige dieser digitalen Helferlein werfen:

TIPP:

Je mehr Informationen du über deinen Charakter eingibst, desto detaillierter wird die Beschreibung.

○ HIX.AI:

Ein innovatives KI-Tool, das darauf ausgelegt ist, Autor:innen und Kreative beim Entwerfen von Charakterbiografien zu unterstützen. Wenn du auf der Suche nach Inspiration bist oder einen Ausgangspunkt für einen neuen Charakter benötigst, generiert es dir detaillierte, personalisierte Charakterprofile auf Basis von nur wenigen Eingaben.

🌐 *https://hix.ai/de/ai-writer/bio-generator/character*

Achtung: Du musst dich zwar registrieren, aber dich nicht für die kostenpflichtige Variante entscheiden. Zum Ausprobieren reicht die Gratis-Version allemal aus.

Beispiel:

Nehmen wir unseren Charakter Alex, den Umweltwissenschaftler, vom vorigen Kapitel als Beispiel und lassen uns von HIX.AI eine Biografie erstellen. Dafür öffne ich den Link und gebe die Informationen (persönliche Informationen, Genre, Ton, Sprache et cetera) in die Eingabemaske ein:

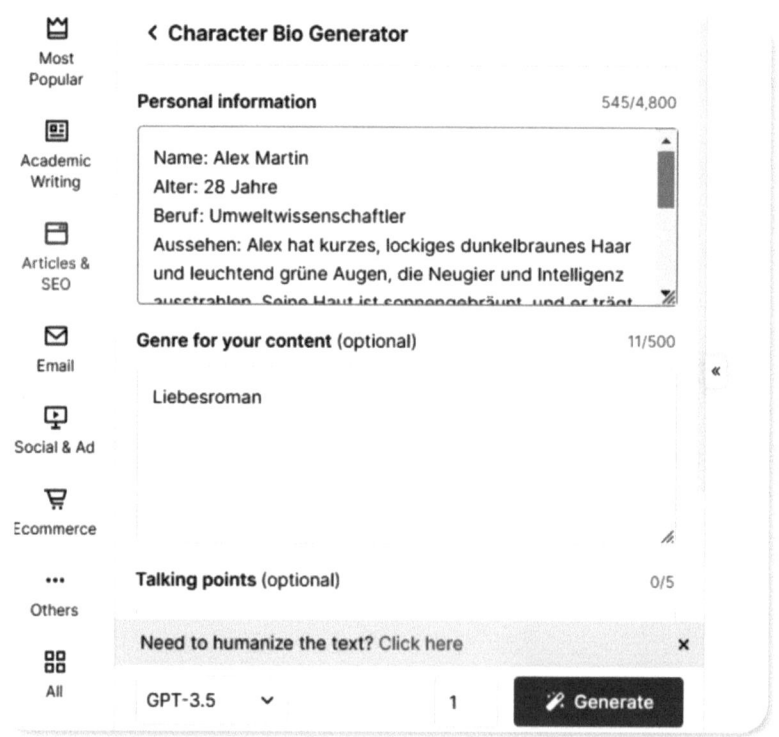

Bild: Screenshot von HIX.AI

O **Das Ergebnis:**

Persönlichkeit:

O Selbstbewusst und abenteuerlustig

O Naturliebhaber mit starkem Umweltbewusstsein

Hintergrund:

O Studium der Umweltwissenschaften mit Fokus auf Nachhaltigkeit

O Aufgewachsen in einer ländlichen Umgebung

Interessen:

O Wandern, Kajakfahren und alles, was mit der Natur zu tun hat

Ich muss sagen, dass ich mir ein wenig mehr erwartet hätte, aber das Tool gibt dir zumindest einige Anhaltspunkte, die du selbst **mit deiner Kreativität** verfeinern kannst.

O **Canva AI Character Generator:**

Das Tool wurde für alle entwickelt, die etwas gestalten wollen. Für dich als Autor:in heißt das, dass du dir detaillierte und visuell ansprechende Charakterbilder erstellen kannst, die genau auf deine Vorstellungen und Beschreibungen zugeschnitten sind.

🌐 *https://canva.com/ai-character-generator*

Achtung: Dafür brauchst du die kostenpflichtige Version von Canva. Es gibt zwar einen kostenlosen Avatar-Maker, aber dieser funktioniert ohne KI-Unterstützung.

Beispiel:

Versuchen wir doch unseren Umweltwissenschaftler Alex durch den Canva AI Character Generator erstellen zu lassen. Dafür öffne ich den Link und gebe meinen Prompt in die Eingabemaske ein:

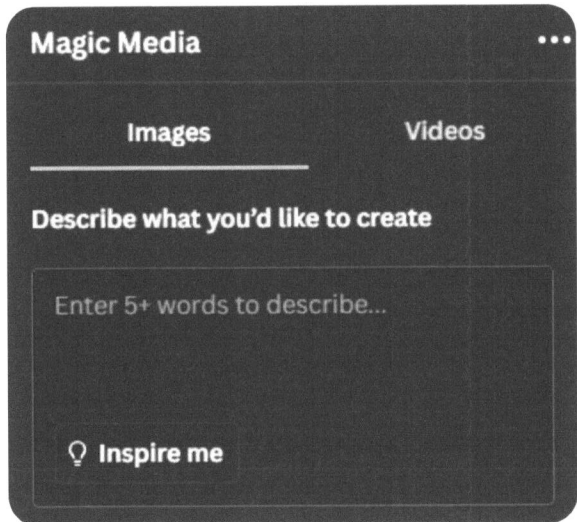

Bild: Screenshot 1 aus Canva Magic Media

STORYCOACH-NOTIZ

Lass uns an dieser Stelle einen Blick durch die juristische Brille werfen, was die Verwendung von KI-generierten Bildern betrifft.

Nach der aktuellen Rechtslage (Oktober 2024) sind Inhalte, die von Künstlicher Intelligenz erstellt wurden, im DACH-Raum nicht durch das Urheberrecht geschützt. Nur Werke, die auf einer menschlichen geistigen Schöpfung basieren, fallen darunter. Wenn der menschliche Beitrag zum Erstellen des Prompts jedoch eine kreative Leistung darstellt, könnte ein Schutz in Betracht kommen (Bundesministerium der Justiz, 2024; Wirtschaftskammer Österreich, 2024; IGE, 2023).

Für kommerzielle Anwendungen ist es wichtig, die Lizenzbedingungen der jeweiligen KI-Plattformen sorgfältig zu prüfen und die aktuelle Gesetzeslage zu berücksichtigen.

Deine Sabrina

Siehst du, wie klein die Eingabemaske ist? Im Vergleich zu „*DALL-E*" haben wir nur sehr wenig Platz für unsere Charakterbeschreibung:

Canva Magic Media Prompt:

```
Generiere mir ein Porträt: Mann, 28 Jahre alt, kur-
zes, lockiges, dunkelbraunes Haar und leuchtend grü-
ne Augen, leichte Sommersprossen auf der Nase.
```

⭘ **Das Ergebnis:**

Bild: Screenshot 2 aus Canva Magic Media

Das sieht doch recht vielversprechend aus, findest du nicht? Abhängig von deinen Vorstellungen für deinen Roman kannst du einen dieser Charaktere wählen oder die Details noch etwas anpassen.

Wrap-up.

Die goldene Regel des Schreibens: Bevor du mit deiner Story beginnst, ist es entscheidend, dass du vollständig in die Schuhe deiner literarischen Gestalten schlüpfst. Denk und fühle wie sie, um ihre Perspektiven authentisch und mehrdimensional darzustellen. Wenn du bereits Charaktere im Sinn hast, großartig! Beschreibe sie so detailliert wie möglich und versuche, sie visuell zu gestalten, um ihnen mehr Realität zu verleihen. Falls du noch auf der Suche nach passenden Figuren bist, ziehe deine eigenen Erlebnisse als Inspiration heran oder beobachte die Menschen um dich herum und lass deiner Fantasie freien Lauf.

Das sorgfältige Ausarbeiten von **Charakterprofilen**, die ihre physischen Eigenschaften, Persönlichkeitsmerkmale und Beziehungen umfassen, schafft die Basis für lebendige und überzeugende Akteure.

DIE STORY**OUTLINE**

DIE STORY-OUTLINE

Eine Outline zu erstellen, ist genauso wie eine Schatzkarte für deine Story zu zeichnen. Ohne einen sorgfältig ausgearbeiteten Plan besteht leicht die Gefahr, dass du dich im Dickicht deiner Ideen verirrst. Auf der Suche nach dem Geheimrezept für das perfekte Buch könntest du dich auch in endlosen Informationen aus dem Internet, Schreibforen, Konferenzen und zahlreichen Ratgebern (schuldig!) verlieren und das Risiko eingehen, dein Ziel niemals zu erreichen. Schlimmer noch: Manch ein Werk bleibt für immer unvollendet.

**Klingt sehr dramatisch, aber keine Sorge,
hier kommen die guten Nachrichten:**

○ Ein Buch zu schreiben ist einfacher, als du denkst.
○ Du brauchst keinen Doktor:innentitel in Literatur.
○ Schreibratgeber sind überflüssig (es reicht das STORY**BOOK**).
○ Zurückgezogen in einer Waldhütte musst du auch nicht leben.

Was du wirklich brauchst, ist eine Outline.

Bevor wir uns in die unerforschten Gewässer unserer Erzählung stürzen, zeichnen wir uns eine klare Route – eine Schatzkarte.

Bedeutung:

Der Begriff „Outline" wird im Duden als „Umriss, Entwurf einer literarischen Arbeit" definiert (Dudenredaktion (o. J.). Die Outline dient dabei als Kompass, der uns durch die Stürme des Plots navigiert, um Handlungslücken herumführt und sicher zum fertigen Buch geleitet.

OUTLINE VERSUS PLOT:

Obwohl diese Begriffe oft synonym verwendet werden, unterscheiden sie sich tatsächlich in ihrer Bedeutung. Eine Outline legt die Reihenfolge der Ereignisse in einer Geschichte fest, während der Plot die entscheidenden Momente und Geschehnisse – einschließlich der Nebenhandlungen – detailliert beschreibt. Der Plot ist dafür verantwortlich, Spannung, Höhepunkte und eine zufriedenstellende Auflösung zu erzeugen. Er beantwortet die Frage: „Was passiert in der Story?"

Mehr darüber, was ein Plot ist und wie du einen erstellen kannst, erfährst du im nächsten Kapitel **„Der STORYPLOT"**.

Sie transformiert deine Ideen in einen strukturierten Plan, skizziert Haupt- und Nebenwege der Handlung, umreißt die Entwicklung der Charaktere und hebt Schlüsselmomente hervor. Dieses erste Konzept steckt nicht nur den Kurs deiner Handlung ab, sondern sorgt auch dafür, dass jedes Element deiner Story in perfekter Harmonie ist.

In ihrem Kern beantwortet die Outline die Frage: *„In welcher Reihenfolge wird die Story erzählt?"*

Jeder oder jede Autor:in ist allerdings anders gestrickt. Manche benötigen einen detaillierten Fahrplan, bevor sie auch nur ein Wort zu Papier bringen, während andere intuitiv drauflos schreiben. Es gibt dabei kein Richtig oder Falsch; es geht lediglich darum, den Stil zu finden, der am besten zu deiner kreativen Arbeitsweise passt.

Sehen wir es uns einfach mal an!

PANTSER ODER PLOTTER?

Bevor wir uns der Detailplanung von Outline, Plotgestaltung und Charakterentwicklung zuwenden, ist es wichtig, ein solides Verständnis für die Herangehensweise zu entwickeln. Jeder und jede Autor:in neigt entweder dazu, als Pantser intuitiv und ohne festen Plan zu schreiben oder als Plotter mit einer klaren Struktur voranzugehen.

○ **Plotter**

Plotter sind die Meister:innen der Vorausplanung in der Welt des Schreibens, die jede Etappe ihres narrativen Abenteuers sorgfältig vorzeichnen: Sie entwerfen die Konturen ihrer Story, skizzieren die Vielschichtigkeit ihrer Charaktere und setzen Wendepunkte mit der Genauigkeit eines Schweizer Uhrwerks.

○ **Pantser**

Auf der anderen Seite des Spektrums stehen die Pantser, benannt nach dem englischen Ausdruck *„to fly by the seat of one's pants"* – was so viel bedeutet wie spontan und ohne Plan vorzugehen. Sie tauchen intuitiv in ihre Schreibprojekte ein, geleitet von spontanen Einfällen und der Faszination des Unbekannten. Für sie ist das Schreiben eine Entdeckungsreise, bei der die Route erst während der Fahrt entsteht.

WAS IST „BESSER"?

HINWEIS:
Letztendlich ist es das Ziel, deine Worte auf Papier zu bringen und die Story zu erzählen, die in dir brennt. Auf welche Art und Weise das gelingt, bleibt ganz dir überlassen.

Beide Methoden haben ihre Vorzüge. Plotter genießen die Sicherheit, die ein gründlicher Plan mit sich bringt, während die Pantser die Freiheit schätzen, die ihnen erlaubt, sich von ihrer Muse führen zu lassen. Doch egal, ob du dich nun als Plotter oder Pantser siehst, wichtig ist, dass du deinen eigenen Weg findest. Manche entdecken, dass eine Mischung aus beidem – ein wenig Struktur hier, eine Prise Spontanität dort – das Geheimrezept für ihren Schreibprozess ist.

Neugierig bin ich jetzt aber trotzdem, zu welchem Typ du tendierst. Du auch? Dann lass uns nachfolgendes „**Plotter oder Pantser Quiz**" machen (NaNoWriMo, o. J.).

Diese einfache Auswertung hilft dir zu erkennen, welche Herangehensweise dir am meisten liegt. **Nochmal:** Es gibt keine *„richtige"* oder *„falsche"* Art zu schreiben. Die Kategorien „**Plotter**" und „**Pantser**" dienen lediglich als nützliche Richtlinien, nicht als starre Regeln.

Auf geht's!

Mach das **Quiz!**
Bitte kreuze jeweils nur eine Antwortmöglichkeit an.

Meine Punkte:

....

1. Wie sieht dein Tagesplaner aus?
O Bulletpoints, Farbcodes, Kalender – ich habe alles! *(Plotter: 2 Punkte)*
O Wie eine Liste – eine große, chaotische Liste – aber ich weiß, wo alles ist. *(Pantser: 1 Punkt)*
O Ähm, was ist ein Tagesplaner? *(Neutral: 0 Punkte)*

2. Wie viel musst du über deine Charaktere wissen, bevor du mit dem Schreiben beginnst?
O Ich möchte sie beim Schreiben entdecken, also nur das Nötigste, wie Name und Alter. *(Pantser: 1 Punkt)*
O Alles! Ich muss alle Details kennen. *(Plotter: 2 Punkte)*
O Ich habe noch nie versucht, einen Roman zu schreiben! *(Neutral: 0 Punkte)*

4. Wie viel weißt du über das Setting deiner Story?
O Ich habe Notizen/Karten/mehrere Seiten gespeichert für schnelle Nachforschungen. *(Plotter: 2 Punkte)*
O Ehrlich gesagt, habe ich noch gar nicht darüber nachgedacht. *(Pantser: 1 Punkt)*
O Meine Story spielt an einem Ort, der mir sehr vertraut ist, also habe ich alle Informationen bereits im Kopf! *(Neutral: 0 Punkte)*

5. Welche Art von Plan hat dir beim Schreiben am meisten geholfen?
O Ich habe noch nie etwas Langes geschrieben! *(Neutral: 0 Punkte)*
O Kein Plan! Ich schreibe besser ohne eine Outline. *(Pantser: 1 Punkt)*
O Darf ich dir meine 100-Punkte-Outline zeigen? *(Plotter: 2 Punkte)*

6. Wie viel Planung ist deiner Meinung nach notwendig?

O Eine grobe Idee zu haben reicht mir, ich lasse den Rest auf mich zukommen.   *(Pantser: 2 Punkte)*

O Für mich ist es das Minimum, alle großen Schlüsselereignisse (englisch: Plot Points)
zu kennen und ein paar Szenen durchdacht zu haben.   *(Neutral: 0 Punkte)*

O Man braucht eine Menge Ideen für Szenen, Plot Points, Wendungen und
Charakterbögen; am besten schön in einer Liste zusammengefasst.   *(Plotter: 2 Punkte)*

7. Wie stehst du zu Listen und Tabellen?

O Ich liebe sie und möchte alles in einer Tabelle organisieren!   *(Plotter: 2 Punkte)*

O Ich kann mit einer einfachen Bulletpointliste umgehen, aber nichts zu Kompliziertes.   *(Neutral: 0 Punkte)*

O Tabellen schmerzen meine Augen.   *(Pantser: 1 Punkt)*

8. Wie gehst du mit Schreibblockaden um?

O Ich überarbeite meinen Plan und suche nach Lücken in meiner Struktur.   *(Plotter: 2 Punkte)*

O Ich nehme mir eine kreative Pause.   *(Neutral: 0 Punkte)*

O Schreibblockaden? Die kenne ich nicht; ich schreibe immer frei heraus.   *(Pantser: 1 Punkt)*

9. Wie endet eine typische Schreibsession für dich?

O Mit dem Überprüfen meines Fortschritts im Vergleich zur geplanten Outline.   *(Plotter: 2 Punkte)*

O Mit dem zufriedenen Gefühl, alles Wichtige spontan erfasst zu haben.   *(Neutral: 0 Punkte)*

O Mit dem Wunsch, noch mehr zu schreiben.   *(Pantser: 1 Punkt)*

AUSWERTUNG:

0 - 5 Punkte: Flexible Mischung

Du bist ein oder eine Autor:in, der oder die sich nicht so leicht in eine Schublade stecken lässt. Du siehst dich als Improvisationskünstler:in, lässt dir aber genauso auch von einer groben Outline die Richtung weisen. Diese Balance erlaubt es dir, die kreative Freiheit zu bewahren, während du gleichzeitig deiner Arbeit Struktur verleihst.

6 - 11 Punkte: Der Pantser

Du tauchst kopfüber in deine Stories ein, ohne genau zu wissen, wo die Reise hingeht. Als Pantser liegt deine Stärke in der Spontanität, denn du folgst den Charakteren und Situationen, die sich bei dir erst so richtig im Schreibprozess entwickeln. Statt dich durch Plotstrukturen einengen zu lassen, schätzt du die Freiheit, unerwartete Wendungen zu erleben, die deine Geschichten lebendig und voller Überraschungen machen.

12 - 16 Punkte: Der Plotter

Du legst großen Wert auf eine gut strukturierte Outline. Bevor du mit dem Schreiben beginnst, planst du sorgfältig deine Charaktere, Handlung und Wendepunkte, um sicherzustellen, dass alles nahtlos zusammenpasst und die Spannung bis zum Ende hält. Diese methodische Vorbereitung gibt dir Sicherheit und hilft dir, den Überblick zu behalten. Du schätzt es, bereits im Vorfeld einen klaren Bauplan für deine Geschichte zu haben, damit du im Schreibprozess die Kreativität gezielt einsetzen kannst.

DER RICHTIGE ZEITPUNKT FÜR DIE OUTLINE

Ideal ist es mit der Outline zu beginnen, sobald deine Story in deinem Kopf zu leben beginnt: Wenn die Charaktere in deinen Gedanken interagieren und die Idee zu mächtig wird, um sie nur für dich zu behalten. In diesem Moment ist die Begeisterung bereits so intensiv, dass du den Drang verspürst, dieser Struktur und Form zu verleihen.

Ich empfehle dir, die Outline zu entwickeln, noch bevor du dich in das detaillierte Schreiben vertiefst. Dies gibt dir einen klaren Leitfaden, an dem du dich orientieren kannst und hilft gleichzeitig, dich nicht in den unendlichen Weiten deiner Fantasie zu verlieren.

DER AUFBAU EINER OUTLINE

Jede Story beginnt mit einem Funken Inspiration und einem flüchtigen Gedanken, der plötzlich das Potenzial hat, Leser:innen in ferne Welten zu entführen. Doch wie verwandelt man diesen ersten Geistesblitz in ein strukturiertes und vor allem spannendes Narrativ? Dieser Mini-Leitfaden führt dich Schritt für Schritt durch den Prozess der Outline-Erstellung:

○ **Schritt 1: Das Sammelsurium deiner Ideen**
Hinweis: Solltest du das Workbook von Anfang an durchgearbeitet haben, kannst du diesen Schritt überspringen.

Schnapp dir Stift und Papier (oder Laptop und Tastatur) und sammle alle Ideen, die dir in den Sinn kommen. Szenen, Charakterzüge, Dialog-Fragmente – alles ist willkommen. Lass dich von Büchern, Filmen oder eigenen Erfahrungen inspirieren. Aus diesem kreativen Chaos entwickelt sich die zentrale Idee, die den Grundstein für alles Weitere bildet.

○ **Schritt 2: Bringe Ordnung ins Chaos**
Hinweis: Solltest du das Workbook von Anfang an durchgearbeitet haben, kannst du auch diesen Schritt überspringen.

Nachdem die ersten Ideen entstanden sind, ist es Zeit, für ein wenig Struktur zu sorgen. Verfeinere deine Prämisse (ein Satz, der dein ganzes Buch beschreibt, siehe Kapitel 2 **"Prämisse"**), entwickle grobe Skizzen deiner Charaktere, der Atmosphäre, Themen und Nebenhandlungen.

Diese Phase kannst du dir wie ein Pitch-Meeting mit dir selbst vorstellen: Überzeuge dich selbst von deiner Idee.

Und? Hast du es geschafft?
Super, dann lass uns gleich weitermachen.

○ **Schritt 3: Der grobe Entwurf**

Hinweis: Solltest du das Workbook von Anfang an durchgearbeitet haben, kannst du diesen Schritt überspringen.

Tauche nun tiefer in deine Idee ein und entwickle mehr Details.

WAS ist die zentrale Botschaft deiner Story? Wie würdest du sie in 30 Sekunden zusammenfassen?

WER sind deine Charaktere? Welche Kämpfe und Herausforderungen prägen ihr Leben? Wie entwickeln sich ihre Beziehungen und Interaktionen?

WO findet die Geschichte statt? Wie sieht das Setting aus? (Stadt, Dorf, Fantasywelt, dystopische Zukunft et cetera) Gibt es Besonderheiten, wie Klima, Technologie oder kulturelle Aspekte, die das Setting einzigartig machen?

WIE werden deine Figuren die Reise durchleben? Welche inneren und äußeren Entwicklungen werden sie durchmachen?

WARUM machen sie sich überhaupt auf die Reise? Was ist ihre Motivation? Welche Themen sollen durch sie erkundet werden?

○ **Schritt 4: Die Drei-Akt-Struktur**

Verwandle nun all deine Gedanken in eine strukturierte Outline. Zerlege dafür deine Story in sogenannten *„Beats"*, basierend auf der bewährten Drei-Akt-Struktur.

HINWEIS:

Bei der Outline füllst du die Drei-Akt-Struktur nur grob aus und beschreibst die einzelnen Ereignisse, beim Plotting (siehe Kapitel 6 **„Der** STORY**PLOT"**) wird es dann genauer.

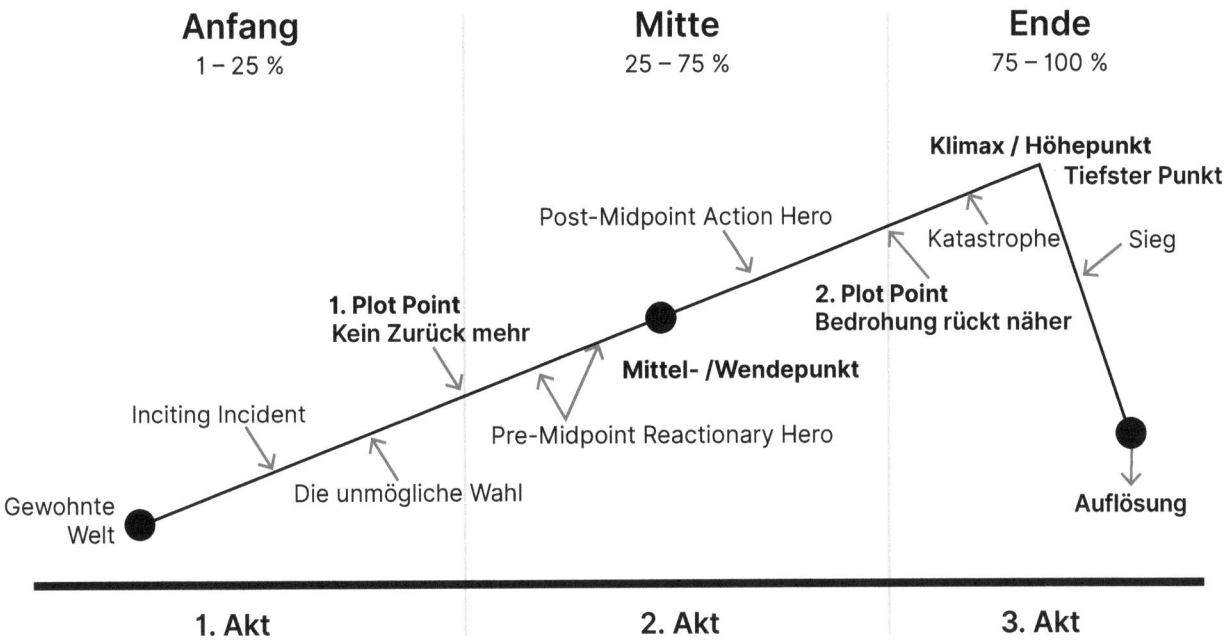

Anfang	Mitte	Ende
1 – 25 %	25 – 75 %	75 – 100 %

1. Akt **2. Akt** **3. Akt**

Eigene Darstellung: Drei-Akt-Struktur mit seinen Kernelementen und Spannungsbogen

Die Darstellung basiert auf verschiedenen Quellen zur Dramaturgie und Heldenreise, einschließlich Aristoteles' Poetik (um 335 v. Chr.), Voglers The Writer's Journey (1992), Snyders Save the Cat! (2005), Trubys The Anatomy of Story (2007) und Campbells The Hero with a Thousand Faces (2012).

Dieses Framework kann ich dir wirklich nur stark ans Herz legen, da es schon vielfach erprobt wurde, für jedes Genre passt und viel Platz für Charakter-Transformationen lässt.

GESTALTE
DEINE OUTLINE

Prämisse

Beschreibe deine Story-Idee in einem Satz.

....

....

....

Lerne deinen Hauptcharakter (Protagonist:in) kennen.

○ Was ist sein oder ihr sehnlichster Wunsch?

....

....

....

....

○ Was ist seine oder ihre größte Angst?

....

....

....

....

○ Was ist seine oder ihre Fehlannahme?

....

....

....

....

Deine Outline mithilfe der Drei-Akt-Struktur.

AKT 1: Der Beginn/Die Ausgangssituation

○ Gewohnte Welt: Wie sieht das Leben deines Charakters aus?

....

....

....

....

O **Set-up:** Welche Lektion muss dein Charakter lernen?

....

....

....

....

....

....

O **Inciting Incident/Schlüsselerlebnis:** Welches alles verändernde
   Ereignis tritt ein?

....

....

....

....

....

....

O **Die unmögliche Wahl:** Was ist der Konflikt zwischen Wunsch
   und Angst?

....

....

....

....

....

O **Erster Plot Point:** Wie wird der Charakter reagieren?

....

....

....

....

....

O **Der erste Höhepunkt:** Was ist die Bedrohung, der sich der Charakter
   später stellen muss?

....

....

....

....

....

AKT 2: Die Mitte/Die Zuspitzung des Konflikts

O Pre-Midpoint-Reactionary-Hero/Reaktiver Held vor dem Mittelpunkt: Was steht dem Charakter bei der Erfüllung seines Zieles im Weg?

....

....

....

....

....

O Midpoint/Mittelpunkt: Welche unerwartete Sache wird den Plan (und das ganze Leben) deines Charakters auf den Kopf stellen?

....

....

....

....

....

O Post-Midpoint-Action-Hero/Reaktiver Held nach dem Mittelpunkt: Welche Ziele setzt sich der Charakter nach der überraschenden Wendung?

....

....

....

....

....

....

O Zweiter Plot Point: Der Gegner des Charakters kommt immer näher, um sein Leben zu zerstören.

....

....

....

....

....

....

AKT 3: Das Ende/Die Auflösung des Konflikts

O Der vermeintliche Sieg (optional): Warum glaubt der Charakter, dass er siegen wird?

....

....

....

....

....

O **Die Katastrophe:** Welche konkreten Auswirkungen hat die Katastrophe auf das Leben deines Charakters?

....
....
....
....

O **Dunkler Moment:** Welche Situation zwingt deinen Charakter dazu, sich mit seiner größten Schwäche auseinanderzusetzen?

....
....
....
....
....

O **Aha-Moment:** Wie findet dein Charakter die innere Stärke, seine Angst zu überwinden?

....
....
....
....
....

O **Die Klimax/der Höhepunkt:** Welcher größten Herausforderung steht dein oder deine Protagonist:in gegenüber?

....
....
....
....
....

O **Der Sieg:** Wie hat sich dein Charakter durch seine Reise verändert?

....
....
....
....
....

O **Die Auflösung:** Was strebt dein Charakter langfristig an?

....
....
....
....
....

DO'S & DON'TS

Was du bei deiner Outline unbedingt tun solltest:

✓ **Sei flexibel:**

Die Outline ist ein Hilfsmittel, kein starres Korsett. Sei offen für Änderungen und neue Ideen während des Schreibprozesses.

✓ **Verwende Stichworte:**

Formuliere deine Punkte prägnant und in Schlagworten. So bleibt die Outline übersichtlich.

✓ **Achte auf die Logik:**

Die Punkte sollten in einer sinnvollen Reihenfolge angeordnet sein.

Was du nicht tun solltest:

✗ **Unnötige Details:**

Die Outline sollte den Kern deines Textes erfassen, nicht jedes Detail.

✗ **Kein Perfektionismus:**

Übergenauigkeit ist beim Outlining fehl am Platz. Es ist wichtiger, einen soliden Plan zu erstellen, als stundenlang an der perfekten Gliederung zu feilen.

✗ **Gib nicht auf:**

Die Erstellung einer Outline kann mühsam sein, aber sie lohnt sich! Mit einem guten Plan schreibt es sich gleich viel leichter.

Jetzt hast du alles was du brauchst, um deine Outline zu meistern. Doch ich habe noch einen weiteren Trumpf für dich: ChatGPT & Co. Im nächsten Abschnitt widmen wir uns wieder der KI und schauen uns an, wie sie dir diesmal beim Erstellen deiner Outline unter die Arme greifen kann.

CHATGPT & CO.
PROMPTS

Wenn du alle Schritte bis hierher verfolgt hast, dann hast du bereits eine Idee im Kopf, kennst deinen Hauptcharakter und vielleicht auch schon ein paar Handlungspunkte. ChatGPT kann dir nun helfen deine Outline zu gestalten, oder dich auf fehlende Themen hinweisen.

Öffne ChatGPT (oder das KI-Tool deiner Wahl) und starte einen neuen Chat. Wenn du möchtest, beginne gleich mit einem sehr zielgerichteten Prompt:

ChatGPT Prompt-Tipp: The All-in-One-Prompt

Verhalte dich wie ein oder eine erfahrene:r Romanautor:in eines Liebesromans, in dem es um folgende Idee geht: [Idee]

Erstelle mir auf dieser Basis eine Outline nach folgendem Muster:

   (1) Prämisse: Beschreibe die Idee in einem Satz.
   (2) Hauptcharakter: Was ist sein oder ihr sehnlichster Wunsch?
       Was ist seine oder ihre größte Angst?
       Was ist seine oder ihre Fehlannahme?
   (3) Grobe Drei-Akt-Struktur:
       [Füge hier alle beantworteten Fragen aus dem Abschnitt „Gestalte deine Outline" ein.]

Stelle die Outline strukturiert dar, mit klaren Überschriften für jeden Punkt.

Wahrscheinlich wird dir ChatGPT nicht beim ersten Mal eine zufriedenstellende Antwort geben, schärfe daher gegebenenfalls mit weiteren Prompts nach.

Die Schritt-für-Schritt-Prompts:

Du könntest auch mehrere aufeinanderfolgende Prompts eingeben:

ChatGPT Prompt-Tipp zur Ausgangssituation:

```
Wie sieht die Ausgangssituation der Geschichte aus?
Beschreibe die Welt, den Hauptcharakter und das all-
tägliches Leben, bevor der auslösende Vorfall ein-
tritt.
```

Wie wäre es, wenn du jetzt noch die Welt des oder der Protagonist:in skizziert, bevor das eigentliche Abenteuer beginnt?

ChatGPT Prompt-Tipp zum auslösenden Vorfall:

```
Was ist der Schlüsselmoment, der das gewohnte Leben
des Hauptcharakters stört und die Hauptereignisse
der Geschichte in Gang setzt? Wie verändert dieser
Vorfall die Perspektive des Charakters oder zwingt
ihn, neuen Herausforderungen zu begegnen?
```

Welche Konflikte und Hindernisse könnte dein oder deine Protagonist:in überwinden?

ChatGPT Prompt-Tipp zu den Konflikten und Hindernissen:

```
Welche größeren Hindernisse oder Konflikte treffen
die Charaktere [Name/n] auf ihrer Mission? Berück-
sichtige sowohl externe Faktoren, wie etwa feindli-
che Patrouillen, als auch interne Kämpfe, denen sich
der Hauptcharakter stellen muss.
```

Dieser Dialog mit ChatGPT hilft dir, deine Romanoutline von der ersten Idee bis zum fertigen Konzept zu entwickeln. Das Beste daran? ChatGPT kann sich an jede Outline-Methode anpassen, die du bevorzugst – sei es die Drei-Akt-Struktur, die Schneeflockenmethode (näheres dazu in Kapitel 6 „Der STORYPLOT") oder die Heldenreise. So wird aus einer anfangs vielleicht überwältigenden Aufgabe ein spannender, kreativer Prozess, bei dem ChatGPT dir jederzeit mit Rat und Tat zur Seite steht.

Weitere hilfreiche Prompts:

Mindmap erstellen

ChatGPT Prompt-Tipp:

Hilf mir dabei, eine strukturierte Mindmap in Text-
form für eine Liebesgeschichte zu erstellen, deren
Kern das Thema Vertrauen bildet.

Details:
    (1) Setting: Die Handlung spielt in den maleri-
        schen Landschaften Südtirols, die eine ro-
        mantische und zugleich emotional tiefgründige
        Atmosphäre schaffen.
    (2) Zielgruppe: Frauen zwischen 18 und 40 Jahren.
    (3) Protagonisten: Die weibliche Protagonistin
        erlebt eine transformative Reise, die mit der
        Zielgruppe resoniert und das Thema Vertrauen
        auf persönlicher und emotionaler Ebene be-
        leuchtet. Der männliche Protagonist ist ihr
        Seelenverwandter, der nach langer Zeit plötz-
        lich wieder in ihr Leben tritt und sie dazu
        bringt, sich alten Wunden und verborgenen
        Ängsten zu stellen.

Stelle die Mindmap so dar, dass du jeden Punkt klar
und übersichtlich ausformulierst. Die Mindmap soll
als kreative Grundlage für die Geschichte dienen.

Outline nach anderen Methoden erstellen lassen

ChatGPT Prompt-Tipp:

Erstelle auf Basis der folgenden Romanidee eine
detaillierte Zusammenfassung der Geschichte, indem
du zusätzliche Details ausarbeitest und zusätzliche
Details hinzufügst. Gliedere die Zusammenfassung
in klar definierte Abschnitte, die du mithilfe der
[Outline-Methode] strukturierst.

Die Zusammenfassung sollte:
    (1) Die Handlung logisch und kohärent darstellen.
    (2) Wichtige Wendepunkte und Konflikte der Ge-
        schichte hervorheben.
    (3) Die Charakterentwicklung und die zentrale
        Botschaft des Romans deutlich machen.

    [Idee]

Kritzelbox

Wrap-up.

Wenn die Ideen für deine Story zu pulsieren beginnen und die Stimmen deiner Charaktere lauter werden, ist es Zeit, den Kurs deines Erzählabenteuers zu skizzieren. Dabei entscheidest du, ob du als **Pantser** intuitiv ohne festen Plan schreibst oder als **Plotter** mit einer klaren Struktur und detaillierten Planung vorgehst.

Eine sorgfältig ausgearbeitete **Outline** kann dir als Leuchtturm dienen, der dich durch die stürmische See der Kreativität navigiert und sicher an das Ziel deines Buchabschlusses führt. Sie verleiht deiner Story eine klare Struktur, erleichtert den Überblick zur Entwicklung der Handlung und Charaktere und definiert Schlüsselszenen. Für Plotter ist sie das unverzichtbare Fundament, während Pantser sie als flexible Richtlinie nutzen können, die Raum für spontane Ideen lässt.

Egal, welcher Schreibtyp du bist, eine Outline schafft die nötige Balance zwischen Kreativität und Struktur, sodass alle Elemente deiner Geschichte harmonisch ineinandergreifen und dein Buch zu einem spannenden Leseerlebnis wird.

DER STORY**PLOT**

DER STORYPLOT

Hast du jemals ein Buch gelesen, das dich so in den Bann gezogen hat, dass du die Zeit vergessen hast? Eine Geschichte, die dich mit jeder Seite tiefer hineinzieht, weil du einfach nicht aufhören konntest? Dann hattest du es mit einem meisterhaft konstruierten Plot zu tun. Er ist das Rückgrat jeder spannenden Story, treibt die Handlung voran und hält uns mit jeder Wendung in Atem.

Bedeutung:

Der Begriff „Plot" wird im Duden als „Handlungsgerüst einer epischen oder dramatischen Dichtung, eines Films o. Ä.; Fabel" bezeichnet (Dudenredaktion, o. J.).

Der Plot, das narrative Gerüst deiner Erzählung, ist mehr als nur eine Folge von Ereignissen; er ist der Pulsschlag, der Leben in deine Charaktere haucht, sie durch Prüfungen führt und ihre tiefsten Konflikte offenbart.

Ohne jetzt allzu dramatisch zu klingen, aber das Schicksal deiner Charaktere, das du durch den Plot kreierst, liegt in deinen Händen.

WAS BEDEUTET „ZU PLOTTEN"?

Plotten ist das sorgfältige Ausarbeiten der wichtigsten Momente und Ereignisse, die in einer Story vorkommen, einschließlich aller Nebenhandlungen.

Beim Plotten bestimmst du:

O welche Charaktere die Bühne betreten und deren Rolle,

O die Herausforderungen, die sie meistern müssen,

O die Konflikte, die sie zum Brodeln bringen und

O die Entscheidungen, die sie treffen müssen.

Ein guter Plot entsteht nicht aus dem Nichts – er wächst mit deinen Figuren. Stell sie vor knifflige Entscheidungen, wirf ihnen Hindernisse in den Weg und lass sie daran wachsen (oder scheitern). So entwickeln sich nicht nur deine Charaktere, sondern auch die Geschichte selbst.

Wenn du beim Plotten ins Stocken gerätst, dann wirf nochmal einen genaueren Blick auf deine Figuren. Was sind ihre Wünsche, ihre Ängste? Welche Beziehungen treiben die Handlung voran? Je besser du sie verstehst, desto lebendiger wird deine Story – und desto leichter entfaltet sich auch dein Plot.

WAS DU BEIM PLOTTEN NIE VERGESSEN SOLLTEST

Ein Plot ist kein starres Korsett, sondern ein anpassungsfähiges Werkzeug, das deiner Kreativität Raum gibt. Beim Schreiben zählen Freiheit und Flexibilität am meisten. Dein Plot dient als Landkarte, die dich leitet, aber nicht einschränkt. Wenn ein Teil des Weges nicht mehr zu deiner Story passt, dann schlage einen neuen Pfad ein. Lass dich von der Inspiration treiben und folge deinem inneren Kompass.

Reverse Engineering einer Story

O **Schritt 1**

Wähle ein Buch aus, das du ganz besonders magst oder kürzlich gelesen hast. Die Handlung sollte gut im Gedächtnis geblieben sein und dich berühren.

O **Schritt 2**

Versuche auf einer einzigen Seite den **Plot des Buches zusammenzufassen**. Achte darauf, den Anfang, die Mitte und das Ende deutlich zu machen. Welche Ereignisse leiten die Handlung ein? Was sind die Höhepunkte? Wie wird die Geschichte aufgelöst?

O **Schritt 3**

Betrachte jedes Ereignis in der Story und versuche zu verstehen, wie eins zum nächsten führt. Was sind die Gründe und Folgen der Handlungen der Charaktere?

O **Schritt 4**

Überlege, wie du die gewonnenen Erkenntnisse **auf deinen eigenen Roman anwenden kannst**. Gibt es Elemente darin, die dir sogar helfen könnten, deine Geschehnisse zu strukturieren oder zu verdichten?

O **Schritt 5**

Reflektiere nun. Was hast du durch diese Übung über das Plotten gelernt? Gibt es bestimmte Techniken oder Erzählstrukturen, die du in deiner eigenen Story verwenden möchtest?

PLOTTING-METHODEN

Von der Schneeflockenmethode, die von einer simplen Idee zu einem komplexen Gebilde wächst, über Karteikarten, die flexible Szenenplanung ermöglichen, bis hin zur Drei-Akt-Struktur oder der Heldenreise - es gibt unzählige Wege, deine Story zu strukturieren. Die beste Route? Die, die sich für dich richtig anfühlt.

Die Schneeflockenmethode (Ingermanson, 2014)

Ideal für Autor:innen, die eine detaillierte Planung bevorzugen. Die Methode besteht aus zehn aufeinander aufbauenden und miteinander verbundenen Schritten, die in ihrer Struktur an das Muster einer Schneeflocke erinnern.

Prozess:

○ Beginne mit einer **winzigen Schneeflocke** – einer einzigen Idee, dem Kern deiner Story.

○ Entwickle diesen Gedanken weiter, indem du **Fragen** zu den Charakteren, zur Handlung und zum Setting stellst. Wie entwickeln sich die Beziehungen? Was sind die Konflikte? Wie sieht die Welt aus, in der deine Geschichte spielt?

○ **Baue die Story schrittweise aus:** Füge Schicht für Schicht mehr Details hinzu, gestalte Nebenhandlungen und vertiefe Charakterprofile, bis das Ganze ein komplexes Muster wie eine Schneeflocke bildet.

Vorteile:

✔ Die Methode bietet eine klare, strukturierte Vorgehensweise, die es leicht macht, den Plot nicht aus den Augen zu verlieren.

✔ Sie hilft dabei, Schreibblockaden zu vermeiden, da jeder Aspekt der Story vor dem eigentlichen Texten durchdacht wird.

✔ Ideal für das Erstellen von komplexen, mehrschichtigen Stories, da jeder Teil der Handlung sorgfältig geplant wird.

Nachteile:

- ✗ Der Prozess kann durch die detaillierte, lange Aufschlüsselung der Handlungsstränge sehr zeitaufwendig sein.
- ✗ Ich habe die Erfahrung gemacht, dass diese Methode meine spontane Kreativität einschränken kann, da die Freiheit zum intuitiven Schreiben begrenzt wird.

Die Heldenreise (Campbell, 2012)

Ideal für Autor:innen, die eine archetypische und spannende Erzählstruktur suchen. Sie passt besonders gut zu Abenteuern, ob in Fantasy, Science-Fiction oder anderen Genres. Sie kann auch in Stories mit mehreren Perspektiven integriert werden, entweder mit einem oder einer zentralen Protagonist:in oder indem alle Charaktere individuelle Heldenreisen durchlaufen.

Prozess:

Die 12 Stufen der Heldenreise:

- ○ **Gewöhnliche Welt:** Der oder die Held:in lebt in der gewohnten Umgebung, bis ein Ereignis sein oder ihr Leben verändert.
- ○ **Ruf zum Abenteuer:** Der oder die Held:in verlässt die Komfortzone und geht auf eine Reise.
- ○ **Ablehnung des Rufs:** Der oder die Held:in zögert zunächst, seine oder ihre Bestimmung anzunehmen.
- ○ **Begegnung mit dem oder der Mentor:in:** Der oder die Held:in trifft einen oder eine Mentor:in zur Unterstützung.
- ○ **Erste Schwelle:** Der oder die Held:in verlässt seine oder ihre gewohnte Welt und betritt die Welt des Abenteuers.
- ○ **Verbündete und Feinde:** Sein oder ihr Ziel ist es Herausforderungen zu meistern, Verbündete zu finden und gegen Feinde zu kämpfen.
- ○ **Tiefste Höhle:** Der oder die Held:in nähert sich dem Zentrum der Gefahr und dem Kern des Konflikts.
- ○ **Zentrale Prüfung:** Er oder sie stellt sich der größten Herausforderung der Reise.
- ○ **Belohnung:** Der oder die Held:in besiegt den Feind und erlangt seinen oder ihren Schatz oder eine Erkenntnis.
- ○ **Der Weg zurück:** Der oder die Held:in kehrt in in die gewohnte Welt zurück.
- ○ **Auferstehung des Helden:** Er oder sie ist durch die Reise verändert und gereift.
- ○ **Elixiergabe:** Der oder die Held:in kehrt mit einem Geschenk oder einer Lehre in seine oder ihre Welt zurück und teilt sie mit anderen.

Vorteile:

✓ Universell anwendbare Struktur, die in vielen Kulturen und Genres Anklang findet.

✓ Klarer und spannender Spannungsbogen, der das Publikum emotional bindet.

✓ Möglichkeit, tiefere Bedeutungen und vielschichtige Interpretationen zu integrieren.

Nachteile:

✗ Risiko, stereotypen Charakteren und vorhersehbaren Handlungen zu folgen.

✗ Kann die kreative Freiheit einschränken, indem die Story auf eine bestimmte Struktur festgelegt wird.

✗ Möglicherweise weniger geeignet für sehr komplexe oder unkonventionelle Erzählungen.

Die Drei-Akt-Struktur (McKee, 1998)

Ideal für Autor:innen, die eine klassische Erzählstruktur bevorzugen. Diese zeitlose Herangehensweise bietet einen klaren Rahmen, der es ermöglicht, Ideen geordnet und effektiv zu präsentieren.

Prozess:

○ **Akt 1:** Einführung der Charaktere, des Settings, der Konfliktsituation.

○ **Akt 2:** Steigerung der Spannung, Herausforderungen für die Charaktere.

○ **Akt 3:** Auflösung des Konflikts, Höhepunkt und Ende der Geschichte.

Vorteile:

✓ Einfache und bewährte Methode, die Klarheit und Struktur bietet.

✓ Leicht nachvollziehbar und anwendbar, auch für Anfänger:innen.

✓ Flexibel einsetzbar in verschiedenen Genres.

Nachteile:

✗ Hat das Potenzial, stereotyp oder vorhersehbar zu wirken.

✗ Kann für sehr komplexe oder nuancierte Erzählungen weniger geeignet sein.

Wenn du unschlüssig bist, welche Methode am besten zu dir passt, probiere verschiedene Herangehensweisen aus und entdecke, was für deine Story am effektivsten ist. Die Drei-Akt-Struktur ist oft ein guter Ausgangspunkt, deswegen sehen wir sie uns im nächsten Abschnitt im Detail an.

PLOTTING NACH DER DREI-AKT-STRUKTUR

Wohl die einfachste aller Erzählmodelle ist die Drei-Akt-Struktur, denn sie teilt eine Story in drei klare Abschnitte: Beginn - Mitte - Ende.

ONLINE-VORLAGE
🌐 https://storify.ing/storybook
🔒 Passwort: Storybook.1719

Im ersten Akt werden die Hauptcharaktere und der zentrale Konflikt eingeführt. Der zweite Akt vertieft die Auseinandersetzung mit steigenden Herausforderungen und baut die Spannung auf. Der finale Akt löst die Schwierigkeit auf, bringt alles zu einem Höhepunkt und rundet die Geschichte ab.

Diese Struktur ist besonders in Filmen und Büchern beliebt, weil sie eine übersichtliche und spannende Erzählweise ermöglicht.

Dein Story-Plot
Gehen wir nun die Drei-Akt-Struktur Schritt für Schritt durch und plotten gemeinsam deine Story.

AKT 1:
Der Beginn/Die Ausgangssituation
O **Inhalte:** Vorstellung der Hauptcharaktere und des zentralen Konflikts
O **Ziel:** Einführung der Leser:innen in die Story und Charaktere, inklusive Vorstellung ihrer Wünsche, Ängste und Fehlannahmen
O **Umfang:** circa 25 % der Story, was in etwa 25.000 Wörtern entspricht

Hook/Einführung in den inneren Konflikt der Hauptfigur:
Jede spannende Story dreht sich um den inneren Kampf des oder der Protagonist:in. Jene seelische Zerrissenheit ist mehr als nur ein einfaches *„Wunsch-versus-Angst"*-Szenario. Es ist ein emotionales Ringen, das lange vor dem eigentlichen Geschehen der Story beginnt und unter der Oberfläche brodelt.

Tipps:

O Vertiefe dich in die Psyche des Charakters.

O Stelle seine Wünsche und Ängste auf emotionale Weise dar.

O Zeige, wie der innere Konflikt sein Leben beeinflusst.

O Wecke das Interesse der Leser:innen, indem du sie fragen lässt: Wie wird der oder die Protagonist:in diesen inneren Aufruhr wohl meistern?

Prompts:

Gewohnte Welt: Wie sieht das Leben deines oder deiner Protagonist:in aus? (Das hast du bereits bei der Outline ausgefüllt; ergänze das gegebenenfalls mit weiteren Informationen.)

Was treibt deinen oder deine Protagonist:in an? Was ist sein oder ihr tiefster Wunsch, sein oder ihr Ideal von Glück und Zufriedenheit?

Welche Ängste halten ihn oder sie davon ab, diesem Wunsch nachzugehen?

O Was ist das Problem, das der Charakter lösen muss?

O Wie zeigst du dem Publikum in den ersten fünf Minuten, warum die Ereignisse der Story für deinen oder deine Protagonist:in so wichtig sind?

Welche Lektion muss dein oder deine Protagonist:in lernen? (Das hast du bereits bei der Outline ausgefüllt; ergänze das ge ebenenfalls mit weiteren Informationen.)

HINWEIS:

Vergiss Hollywood! Als auslösendes Ereignis braucht es kein gigantisches Spektakel. Es kann klein und unscheinbar sein, wie ein unerwarteter Brief, eine zufällige Begegnung, oder ein scheinbar banales Missgeschick. Es muss allerdings Bedeutung für den Charakter haben.

Inciting Incident/Einleitendes, alles veränderndes Ereignis:

Ein Ereignis, das die Story in Gang setzt und den Charakter aus seiner Komfortzone zwingt. Es ist der Moment, in dem die gewohnte Welt ins Wanken gerät und er gezwungen ist, zu handeln – der Startschuss für die Reise ist damit gefallen.

Prompt:

Welches alles verändernde Ereignis tritt ein? (Das hast du bereits bei der Outline ausgefüllt; ergänze das gegebenenfalls mit weiteren Informationen.)

Der Aufbau/Die unmögliche Wahl:

Der oder die Protagonist:in muss sich entscheiden, ob er oder sie in der Komfortzone bleiben und auf seinen oder ihren Wunsch verzichten will, oder ob er oder sie sich ins Unbekannte wagt, gleichzeitig aber seine oder ihre Angst überwinden muss.

Prompt:

Was ist die unmögliche Wahl für den oder die Protagonist:in? Wie steht er oder sie zwischen Wunsch und Angst? (Das hast du bereits bei der Outline ausgefüllt; ergänze das gegebenenfalls mit weiteren Informationen.)

Erster Plot Point/Der Wendepunkt/Kein Zurück mehr:

Der oder die Protagonist:in steht an einem ausschlaggebenden Punkt. Angetrieben von seinen oder ihren Wünschen, aber gelähmt vor Angst, findet er oder sie sich zerrissen zwischen dem Vertrauten und dem Unbekannten. Ein auslösendes Ereignis hat seine oder ihre Komfortzone zerstört und ihn oder sie vor eine unvermeidliche Entscheidung gestellt.

Angst ist ein mächtiger Ratgeber. Sie rät dem Charakter, den sicheren, schmerzfreien Weg zu wählen und seine tiefsten Sehnsüchte zu unterdrücken. Verführt von dieser trügerischen Sicherheit trifft die Figur eine entscheidende Wahl, die den weiteren Verlauf der Story beeinflusst – eine Wahl, die neue Hindernisse schafft und den Weg zum Ziel zu blockieren scheint.

Prompt:

Wie wird der oder die Protagonist:in auf das auslösende Ereignis reagieren, angesichts seiner oder ihrer Angst und seines oder ihren Irrglaubens? Welche Entscheidung wird er oder sie jetzt treffen, um den größten Schmerz zu vermeiden? (Das hast du bereits bei der Outline ausgefüllt; ergänze das gegebenenfalls mit weiteren Informationen.)

Der erste Höhepunkt:

Es zeigt sich eine Gefahr oder ein Hindernis, dem sich der oder die Protagonist:in später stellen muss.

Hinweis: Ein spannender Höhepunkt erfordert nicht zwangsläufig einen klassischen Bösewicht, die Bedrohung kann von einer anderen Kraft ausgehen, wie **zum Beispiel**:

O **Naturgewalten:** Ein plötzlicher Sturm, ein Erdbeben oder eine Flutwelle zerstören die Pläne der Hauptfigur und lenken sie in eine neue Richtung.

O **Gesellschaftliche Zwänge:** Diskriminierung, soziale Ungerechtigkeit oder politische Unterdrückung stellen die Hauptfigur vor unüberwindbare Herausforderungen.

O **Innere Dämonen:** Zweifel, Angst oder Traumata nagen an der Hauptfigur und beeinflussen ihre Entscheidungen.

O **Fehlannahmen:** Die Hauptfigur handelt aufgrund einer falschen Annahme, die sie in eine Sackgasse führt und unerwartete Konsequenzen nach sich zieht.

Prompt:

Was ist die bedrohliche/feindliche Kraft, der sich dein oder deine Protagonist:in später direkt stellen muss? Wie kannst du dem oder der Leser:in zeigen, dass diese Kraft bereits am Horizont auftaucht? (Das hast du bereits bei der Outline ausgefüllt; ergänze das gegebenenfalls mit weiteren Informationen.)

AKT 2:

Die Mitte/Die Zuspitzung des Konflikts

O **Inhalt:** Das Dilemma steigert sich; der oder die Protagonist:in steht am Tiefpunkt

O **Ziel:** Die Story intensivieren und vertiefen, sodass die Leser:innen mitfiebern

O **Umfang:** circa 50 % der Story, was in etwa 50.000 Wörtern entspricht

Pre-Midpoint-Reactionary-Hero:

Durch die Entscheidungen, die dein oder deine Protagonist:in am Ende des ersten Akts getroffen hat, ist er oder sie nun auf einer klaren Mission. Ein festes Ziel vor Augen treibt ihn oder sie voran – der Pfad scheint direkt. Er oder sie strebt nach dem vermeintlichen Glück und meidet dabei ängstlich jeglichen Schmerz. Ob er oder sie nun flieht oder jagt, die Motivation ist dieselbe: die Qual zu minimieren und die Ziellinie zu erreichen, an der er oder sie glaubt, das Glück zu finden.

Prompts:

Was steht dem Charakter bei der Erfüllung seines Zieles im Weg? (Das hast du bereits bei der Outline ausgefüllt; ergänze das gegebenenfalls mit weiteren Informationen.)

Wie wird dein Charakter seinen Plan umsetzen? Beschreibe den Plan Schritt für Schritt (auch wenn du noch nicht alle kennst).

Wie kannst du deinen Leser:innen die Gründe für die Handlungen deines Charakters zeigen?

Mittel- und Wendepunkt/Plot Twist:

Der Dreh- und Angelpunkt deiner Geschichte, der „Game-Changing-Midpoint" oder „Plot Twist", muss kein verrückter Schicksalsschlag sein. Tatsächlich muss er lediglich den Charakter überraschen und sein Ziel verändern. Bonuspunkte gibt es, wenn du auch den oder die Leser:in überraschst!

Hier sind ein paar Beispiele:

O **Die große Enthüllung:** Der Charakter erfährt eine schockierende Wahrheit, die sein gesamtes Weltbild in Frage stellt.

O **Verrat:** Jemand, dem die Figur vertraut hat, stellt sich gegen sie.

O **Unerwartete Hilfe:** Der oder die Akteur:in erhält Unterstützung von einer Seite, die er oder sie nie erwartet hätte.

O **Verliebt in den Feind:** Das Individuum entwickelt Gefühle für jemanden, den es eigentlich bekämpfen sollte.

O **Verlust:** Der Charakter verliert etwas Wichtiges, was ihn dazu zwingt, seine Prioritäten neu zu ordnen.

Prompts:

Welche unerwartete Sache wird den Plan und das ganze Leben deines oder deiner Protagonist:in auf den Kopf stellen? (Das hast du bereits bei der Outline ausgefüllt; ergänze das gegebenenfalls mit weiteren Informationen.)

Warum ist diese Sache für deinen Charakter wichtig, angesichts seines Verlangens und seiner Angst?

Wie wird sich das Spiel für deinen Charakter verändern?

HINWEIS:

Der Plan deines Charakters sollte die veränderte Situation berücksichtigen und ihn herausfordern, die Komfortzone zu verlassen.

Post-Midpoint-Action-Hero:

Der dramatische Wendepunkt deiner Story hat das Leben deines oder deiner Protagonist:in auf den Kopf gestellt. Altbekannte Ziele und vertraute Pfade bröckeln. Doch es geht weiter! Jetzt heißt es, die Scherben aufzusammeln und einen neuen Weg zu finden. Der Charakter entwickelt einen frischen Plan, um mit dem Plot Twist umzugehen und sein Ziel zu erreichen.

Prompts:

Welche Ziele setzt sich der Charakter nach der überraschenden Wendung? Wie beeinflussen diese seine Sichtweise auf sein ursprüngliches Ziel? (Das hast du bereits bei der Outline ausgefüllt; ergänze das gegebenenfalls mit weiteren Informationen.)

Wie glaubt der Charakter seinen neuen Plan umzusetzen und seinen Vorsatz zu erreichen, ohne dabei seiner Angst ins Auge zu blicken?

Zweiter Plot Point/Bedrohung rückt näher:

Das Hindernis, das sich im ersten Höhepunkt abgezeichnet hat, wird konkreter. Erinnere dich: Dieser „Widerstand" muss kein klassischer Bösewicht oder gar eine Person darstellen. Es kann auch der Irrglaube deines oder deiner Protagonist:in sein, der im Hintergrund lauert und sich darauf vorbereitet, im dritten Akt zuzuschlagen.

Zeige dem oder der Leser:in bereits an dieser Stelle einen Vorgeschmack auf die größte Opposition, der dein Charakter im Höhepunkt deiner Story gegenübersteht.

Prompt:

Wie kann ich zeigen, dass die Opposition/antagonistische Kraft dem Leben des Charakters näherkommt? (Das hast du bereits bei der Outline ausgefüllt; ergänze das gegebenenfalls mit weiteren Informationen.)

AKT 3:

Das Ende/Die Auflösung des Konflikts

O **Inhalte:** Die Schwierigkeit und der damit verbundene Tiefpunkt werden überwunden

O **Ziel:** Auflösung und Transformation des oder der Protagonist:in

O **Umfang:** circa 25 % der gesamten Story, was in etwa 25.000 Wörtern entspricht

Vermeintlicher Sieg (optional):

Der oder die Protagonist:in schreitet voran, beseelt von seinem oder ihrem neuen, optimierten Plan. Der Sieg scheint greifbar nah. Vielleicht hat er oder sie bereits die ersten, kleineren Hürden gemeistert und blickt voller Zuversicht in die Zukunft. Doch was er oder sie nicht ahnt: Das Unheil lauert bereits im Schatten.

Dieses optionale Element verleiht der Story eine besondere Würze. Der Charakter, getrieben von falscher Sicherheit, fühlt sich stark und siegessicher. Er ahnt nicht, dass sein vermeintlicher Fortschritt ihn der Katastrophe näher bringt.

Prompts:

Warum glaubt deine Figur, dass sie siegen wird? (Das hast du bereits bei der Outline ausgefüllt; ergänze das gegebenenfalls mit weiteren Informationen.)

Was gibt ihr das Gefühl, dem Ziel schon so nahe zu sein und endlich das lang ersehnte Glück zu finden?

Die Katastrophe:

Lass deinen Charakter in den Abgrund stürzen, aber nicht durch irgendwelche Zufälle oder externe Mächte. Lass ihn an seiner größten Angst und seinem tiefsten Irrglauben zerbrechen. Es mag ein Unglück sein, das jeden zu Boden zwingen würde, aber gestalte es so, dass es für deinen Akteur besonders verheerend ist – eben wegen seiner Angst und Fehleinschätzung. Jede Entscheidung, die er im Laufe der Geschichte getroffen hat, hat ihn zu diesem Punkt geführt.

Das bedeutet: Die Ursache des Unglücks liegt in den eigenen Entscheidungen.

Prompts:

Welche konkreten Auswirkungen hat die Katastrophe auf das Leben deines Charakters? (Das hast du bereits bei der Outline ausgefüllt; ergänze das gegebenenfalls mit weiteren Informationen.)

Wie zerbricht die Katastrophe seine Weltanschauung und sein Selbstvertrauen?

Wie wird deiner Rolle bewusst, dass sie die Verantwortung für die Krise trägt? Welche inneren Kämpfe und Zweifel lösen diese Erkenntnis und die damit verbundene Scham aus?

Wie wird der Charakter gezwungen, sich seinen tiefsten Ängsten und Unsicherheiten zu stellen, denen er zuvor ausgewichen ist?

Dunkler Moment/Der Weckruf der Verzweiflung:

„Es ist immer am dunkelsten, bevor die Morgendämmerung einbricht."
Genauso muss sich dein Charakter fühlen, bevor er sein großes Aha-
Erlebnis erfährt. Erst der völlige Absturz ebnet den Weg für die erlösende
Erkenntnis. Doch jetzt, unmittelbar nach dem Unglück, liegt er am Boden
zerstört, verwirrt, verloren und zutiefst enttäuscht.

Tipps:

O Beschreibe die Gefühlswelt deines Charakters in all seiner Intensität.

O Lass ihn mit den quälenden Fragen ringen, die der Zusammenbruch
aufgeworfen hat.

O Zeige, wie Misstrauen und Zynismus ihn zu verändern drohen.

O Lass den Funken der Hoffnung glimmen und seinen inneren Kampf
andeuten.

O Gib dem oder der Leser:in eine Ahnung davon, welchen Weg der
Charakter einschlagen wird.

Prompts:

Welche Situation oder welches Ereignis zwingt deinen Charakter dazu,
sich mit seiner größten Schwäche auseinanderzusetzen? (Das hast du
bereits bei der Outline ausgefüllt; ergänze das gegebenenfalls mit weiteren Informationen.)

Wer oder was ist der treibende Faktor hinter dieser Konfrontation? Ist es ein oder eine externe:r Antagonist:in, ein Schicksalsschlag oder der Charakter selbst?

Der Aha-Moment:

Du hast es geschafft! Du hast deinen oder deine Protagonist:in in die Knie gezwungen, ihn oder sie gebrochen und an seinem oder ihrem tiefsten Punkt zurückgelassen. Doch genau hier, inmitten der Asche des Unglücks, wartet die wahre Drehscheibe deiner Story: der Aha-Moment.

Blitzschnell erhellt er den Geist deines oder deiner Akteur:in. Diese:r erkennt, wie Angst und Irrglaube ihn oder sie wie Fäden an der Nase durch die Geschichte geführt haben. Die Entscheidungen, die er oder sie traf, die Wege, die er oder sie beschritt – alles erscheint plötzlich trügerisch. Allerdings noch wichtiger: Er oder sie begreift, dass der einzige Weg zum Ziel – zum wahren Glück – darin liegt, diese Fesseln zu sprengen.

Prompts:

Wie findet dein Charakter die innere Stärke, seine Angst zu überwinden?

(Das hast du bereits bei der Outline ausgefüllt; ergänze das gegebenenfalls mit weiteren Informationen.)

Welche Verbündeten, inneren Ressourcen oder überraschenden Ereignisse geben ihm den nötigen Antrieb?

Wie nutzt er seine Schwäche geschickt gegen seinen Widersacher (oder seine eigenen Zweifel)?

Alternative zu „Dunkler Moment" und „Katastrophe" – Aha-Moment in neuem Licht:

Vergiss den Absturz, vergiss die Dunkelheit. Hier kommt eine Alternative: Ein Aha-Moment im Glanz des Sieges; eine Transformation durch Erfüllung, nicht Zerstörung.

Stell dir vor, deinem Charakter wird genau das angeboten, wovon er immer geträumt hat – das Ziel, das auf seinem Irrglauben gebaut ist. Doch nach der Reise der Selbsterkenntnis und Veränderung lehnt er ab. Warum? Er erkennt, dass er das nicht mehr will und etwas Besseres gefunden hat – wahres Glück.

Prompts:

Was ist das spezifische, auf einem Irrglauben basierende Ziel, das dein oder deine Protagonist:in die ganze Zeit verfolgt hat?

Wie wird dein oder deine Protagonist:in die Chance angeboten, endlich das zu haben, was er oder sie sich immer gewünscht hat?

Wie wird dein Charakter seine Transformation beweisen, indem er dieses Angebot ablehnt?

Klimax:

Der Moment der Wahrheit ist da. Alle Fäden laufen zusammen, und dein oder deine Protagonist:in steht vor der bislang größten Herausforderung. Dieser Kampf ist nicht nur ein Test eigener Fähigkeiten, sondern ein Spiegel seiner oder ihrer Seele. Wie er oder sie die Konfrontation meistert, zeigt, ob seine oder ihre Reise der Selbsterkenntnis Früchte getragen hat – ob er oder sie sich wahrhaft transformiert hat.

Prompts:

Wie stellt sich dein Charakter seinem falschen Glaubenssystem oder seiner Lüge? Handelt es sich um ein direktes Geständnis, eine symbolische Handlung oder die Überwindung einer konkreten Herausforderung?

Wie reagiert sein Gegenspieler, die Welt oder er selbst auf diese Konfrontation?

Wie begegnet dein Charakter seiner größten Angst in der Klimax? Geht er direkt darauf zu, flieht und stellt sich dann doch, oder nimmt er einen kreativen Umweg?

Sieg:

Der finale Kampf muss nicht unbedingt mit einem äußeren Triumph enden. Vielleicht erreicht dein Charakter das Ziel nicht auf die erwartete Weise, oder die Dinge nehmen eine unerwartete Wendung. Doch selbst wenn der äußere Sieg ausbleibt, kann dein Charakter einen wahren, persönlichen Erfolg verbuchen: durch die Überwindung seiner Angst und die Zerstörung seines Irrglaubens.

Prompt:

Wie hat sich dein Charakter durch seine Reise verändert? (Das hast du bereits bei der Outline ausgefüllt; ergänze das g gebenenfalls mit weiteren Informationen.)

Die Auflösung:

Der Abschluss ist der Ort, an dem alle Fäden zusammenlaufen und der oder die Leser:in keine offenen Fragen haben sollte. Ob du mit einem Cliffhanger endest oder die Story abschließt, hängt vom Genre und deinem Gesamtplan ab. Hier sind einige Tipps für beide Szenarien:

Stand-alone-Geschichte:

O **Beantworte Fragen:** Stelle sicher, dass alle wichtigen Handlungsstränge abgeschlossen sind und der oder die Leser:in keine zentralen Fragen offen hat. Was geschah mit den Nebencharakteren? Erreichte der Charakter sein Ziel? Welche langfristigen Auswirkungen haben die Ereignisse?

O **Zeige Konsequenzen:** Lass die Entscheidungen und Handlungen der Charaktere Folgen haben. Wie hat sich die Welt durch die Geschehnisse verändert? Inwiefern sind die Figuren durch ihre Erlebnisse gewachsen oder innerlich gereift?

O **Biete emotionalen Abschluss:** Neben der Handlung soll auch die emotionale Entwicklung der Figuren zu einem zufriedenstellenden Ergebnis kommen. Gib dem oder der Leser:in ein Gefühl von Auflösung, Erleichterung oder zumindest Verständnis für den Zustand der Charaktere am Schluss der Geschichte.

O **Vermeide Klischees:** Halte dich von allzu vorsehbaren oder konstruierten Schlussfolgerungen fern. Suche nach einem Ende, das zum Ton und der Stimmung deiner Story passt.

Cliffhanger für eine Serie:

O **Neue Fragen aufwerfen:** Lass den oder die Leser:in mit neuen Fragen und einem Gefühl der Ungewissheit zurück. Decke vielleicht ein verborgenes Geheimnis auf, führe einen neuen Charakter ein oder wirf die Rolle in eine unerwartete Situation.

O **Stifte Spannung:** Der Cliffhanger sollte Spannung erzeugen und den oder die Leser:in dazu verleiten, den nächsten Band zu lesen. Lass ihn oder sie mitfiebern, was als Nächstes passiert.

O **Vermeide Frustration:** Stelle sicher, dass der Cliffhanger nicht einfach nur ein leeres Versprechen ist. Er sollte organisch aus der Geschichte hervorgehen und dem oder der Leser:in das Gefühl geben, dass die wichtigsten Fragen in den Folgebänden beantwortet werden.

O **Erhalte den Zusammenhang:** Beachte, dass der Cliffhanger zwar neugierig machen, aber dennoch die bisherige Geschichte respektieren sollte. Es gilt einen Bruch im Stil oder in der Logik der Erzählung zu vermeiden.

Prompts:

Der Sieg im Höhepunkt war nur ein Etappenziel. Was strebt dein Charakter langfristig an? (Das hast du bereits bei der Outline ausgefüllt; ergänze das gegebenenfalls mit weiteren Informationen.)

Wie hat sich sein Ziel durch die gewonnenen Erkenntnisse und die veränderte Persönlichkeit gewandelt? Wie gestaltet sich nun sein Leben?

DO'S & DON'TS

Was du beim Plotten unbedingt tun solltest:

✓ **Charaktere in den Mittelpunkt stellen:** Deine Story lebt von ihren Charakteren. Stelle sicher, dass ihre Ziele, Wünsche und Konflikte eng mit dem Plot verknüpft sind.

✓ **Konflikte und Spannung aufbauen:** Ohne Konflikte gibt es keine Spannung. Baue Hindernisse und Herausforderungen ein, die deine Charaktere überwinden müssen.

✓ **Struktur nutzen:** Verwende bewährte Erzählstrukturen wie die Drei-Akt-Struktur, um deinen Plot zu organisieren. Dies bietet eine solide Grundlage für deine Geschichte.

✓ **Flexibel bleiben:** Sei offen dafür, deinen Plot anzupassen, wenn die Geschichte oder die Charaktere es erfordern. Manchmal führt ein unerwarteter Pfad zu den besten Ergebnissen.

✓ **Vorarbeit leisten:** Nimm dir Zeit, um deine Charaktere und die Welt, in der sie leben, gründlich auszuarbeiten, bevor du dich dem Plotten widmest.

Was du nicht tun solltest:

✗ **Verkomplizieren:** Vermeide es, deinen Plot unnötig zu überladen. Eine tiefgründige und fesselnde Geschichte braucht nicht zwangsläufig komplexe Strukturen.

✗ **Inkonsistenzen ignorieren:** Achte auf Logiklücken und Widersprüche in deiner Story. Unstimmigkeiten können Leser:innen verwirren und aus der Geschichte reißen.

✗ **Charakterentwicklung vernachlässigen:** Der Plot sollte immer die Entwicklung deiner Charaktere widerspiegeln und fördern. Lass sie nicht einfach durch Ereignisse stolpern, ohne dass es ihr Inneres berührt.

✗ **Angst vor Veränderungen haben:** Scheue dich nicht davor, deinen Plot zu ändern, wenn du merkst, dass etwas nicht funktioniert. Oft führt das Überarbeiten zu einer stärkeren, kohärenteren Geschichte.

✗ **Den Anfang hinauszögern:** Beginne einfach zu schreiben, auch wenn du das Gefühl hast, dass dein Plot noch nicht perfekt ist. Schreiben ist ein Prozess, und oft entwickelt sich die beste Struktur erst beim Tun.

CHATGPT & CO.
PROMPTS

Sehen wir uns nun die Welt des Plottings mit unserem KI-Buddy an. Hier sind einige hilfreiche Prompts, die du verwenden kannst:

CHARAKTERKONFLIKTENTWICKLUNG

ChatGPT Prompt-Tipp Nummer 1:

Basierend auf meinem oder meiner Protagonist:in [Name], der oder die [Eigenschaft] ist und [Ziel] verfolgt, aber mit [Herausforderung/Konflikt] konfrontiert ist, erstelle eine Entwicklung des Konflikts im Laufe der Geschichte.

Anforderungen:
(1) Einführung: Beschreibe, wie der Konflikt in der Geschichte eingeführt wird. Was löst ihn aus, und wie betrifft er die Ziele oder die Persönlichkeit des oder der Protagonist:in?
(2) Entwicklung: Zeige die Eskalation des Konflikts. Welche äußeren und inneren Faktoren treiben den Konflikt voran? Wie beeinflusst dies die Beziehungen des oder der Protagonist:in zu anderen Figuren?
(3) Höhepunkt: Beschreibe den entscheidenden Moment, in dem der Konflikt seinen Höhepunkt erreicht. Welche schwierigen Entscheidungen muss der oder die Protagonist:in treffen?
(4) Auflösung: Wie wird der Konflikt gelöst, und was lernt der oder die Protagonist:in daraus? Gibt es persönliche oder äußere Veränderungen?

Stelle die Konfliktentwicklung in einem strukturierten Text dar. Jede Phase sollte klar abgegrenzt und mit emotionaler Tiefe beschrieben sein.

ChatGPT Prompt-Tipp Nummer 2:

Ich möchte, dass mein Hauptcharakter [Name] eine signifikante Entwicklung durchmacht, insbesondere in Bezug auf [Charaktereigenschaft oder Lektion].

Welche Schlüsselerlebnisse, Herausforderungen oder Entscheidungen könnten diesen Entwicklungsprozess glaubwürdig und emotional tiefgehend gestalten?

Erstelle eine strukturierte Liste, der die Entwicklung des Charakters beschreibt.

PLOT-ENTWICKLUNG

Wenn du deine Outline erstellt hast, bevor du dich an den Plot wagst, kannst du diesen Prompt für die Plot-Entwicklung ausprobieren:

ChatGPT Prompt-Tipp Nummer 1:

Entwickle mit der folgenden Outline einen ausführlichen Plot nach der Drei-Akt-Struktur. Formuliere bitte jeden „Beat" ausführlich und verwende Zwischenüberschriften, um das Ergebnis übersichtlich zu gestalten.

[Outline]

Falls du gar keine Idee für eine Story hast, kannst du ChatGPT um etwas Inspiration bitten:

ChatGPT Prompt-Tipp Nummer 2:

Erstelle einen groben Story-Entwurf basierend auf der Drei-Akt-Struktur, der die Themen Verrat, Vergebung und persönliche Transformation in den Mittelpunkt stellt.

SCHLÜSSELSZENEN DEFINIEREN

ChatGPT Prompt-Tipp:

Für meine Story, die in [Setting] spielt, brauche ich Schlüsselszenen, die kritische Momente für meine Charaktere darstellen. Kannst du helfen, ein paar Schlüsselszenen zu entwerfen, die emotional aufgeladen sind und die Handlung verdichten?

HANDLUNGSELEMENTE

ChatGPT Prompt-Tipp:

Meine Geschichte soll die Angelegenheit [Thema] erkunden. Welche Handlungselemente und Charakterinteraktionen könnten dieses Anliegen effektiv hervorheben und die Leser:innen zum Nachdenken anregen?

Erstelle eine strukturierte Liste mit Handlungselementen und Charakterinteraktionen, die das Thema prägnant und tiefgründig erkunden.

WENDEPUNKTE (PLOT TWISTS) ERZEUGEN

ChatGPT Prompt-Tipp Nummer 1:

Ich brauche Hilfe beim Entwickeln von Wendepunkten für meine Story, die um das Thema [Thema/Konzept] kreist. Kannst du Vorschläge machen, wie diese Wendepunkte aussehen könnten und wie sie die Handlung vorantreiben?

Erstelle eine Liste mit 3-5 möglichen Wendepunkten. Jeder Wendepunkt sollte prägnant beschrieben werden, inklusive seines Einflusses auf die Handlung, die Figuren und das Thema der Geschichte.

ChatGPT Prompt-Tipp Nummer 2:

Erfinde einen Plot Twist für eine Story, wo der oder die Protagonist:in herausfindet, dass sein oder ihr größter Feind in Wahrheit sein oder ihr Schutzengel ist.

Erstelle eine detaillierte Beschreibung des Plot Twists, inklusive:
  (1) Der Vorgeschichte, die zur Enthüllung führt.
  (2) Der Enthüllung selbst und ihrer emotionalen Wirkung.
  (3) Der Konsequenzen, die diese Wendung auf die Handlung und die Figuren hat.

NEBENHANDLUNGEN EINFLECHTEN

ChatGPT Prompt-Tipp:

Meine Hauptstory handelt von [Hauptstory], aber ich möchte eine Nebenhandlung einführen, die [Neben-story] betrifft. Wie könnte ich diese Randhandlung effektiv in den Hauptplot integrieren, um Tiefe und Komplexität hinzuzufügen?

Erstelle eine detaillierte Antwort, die Folgendes umfasst:
- (1) Konkrete Vorschläge, wie die Nebenhandlung eingebunden werden kann.
- (2) Beispiele für Szenen oder Wendepunkte, die beide Stränge verknüpfen.
- (3) Eine kurze Erklärung, wie die Nebenhandlung der Geschichte Tiefe und Komplexität verleiht.

AUFLÖSUNG UND ENDE GESTALTEN

ChatGPT Prompt-Tipp:

Ich suche nach einem überzeugenden Ende für meine Geschichte, in der es um folgende Handlung geht: [Kurze Zusammenfassung der Handlung]

Wie könnte eine zufriedenstellende Auflösung ausse-hen, die die wichtigsten Handlungsstränge zusammen-führt und die Entwicklung meines oder meiner Prota-gonist:in widerspiegelt?

Erstelle eine detaillierte Beschreibung eines mög-lichen Endes, das:
- (1) Die wichtigsten Handlungsstränge logisch und emotional zusammenführt.
- (2) Die Entwicklung des oder der Protagonist:in deutlich macht.
- (3) Einen klaren emotionalen Ton (zum Beispiel hoffnungsvoll, nachdenklich, triumphierend) setzt, passend zur Geschichte.

Beachte nur bitte:

O **Persönliche Note:** Während KI fantastische Ideen liefern kann, fehlt ihr die menschliche Tiefe und Nuance. Sieh die Vorschläge als Ausgangspunkt und füge deine eigene kreative Interpretation hinzu.

O **Originalität prüfen:** KI generiert Inhalte basierend auf vorhandenen Daten. Stelle sicher, dass deine Geschichte einzigartig bleibt und nicht versehentlich bestehende Werke kopiert.

O **Experimentierfreude:** Sei offen für überraschende Vorschläge von ChatGPT & Co. Manchmal führen unerwartete Ideen zu den interessantesten Stories.

Kritzelbox

Wrap-up.

Ein gut durchdachter Plot weckt das Interesse der Leser:innen und hält es aufrecht. Jener Handlungsablauf steuert durch die **emotionalen Höhen und Tiefen der Story**, wobei die Charakterentwicklung und die Lösung von Konflikten zentral sind. Egal, ob du deinen Erzählstrang minutiös planst oder dich von spontanen Einfällen treiben lässt, ist es wesentlich, deine Charaktere gründlich zu verstehen und flexibel genug zu bleiben, um deinen Plot nach Bedarf anzupassen. Nutze diese Erkenntnisse, um deinen Stories Struktur und Tiefe zu verleihen.

DAS STORY**SETTING**

DAS STORY-SETTING

In der Welt des Schreibens ist das Setting mehr
als nur der Ort, an dem sich die Story abspielt -
es formt die Atmosphäre, die Stimmung und schafft
den Kontext für die Handlungen.

Ein lebendiges Setting zieht deine Leser:innen mitten ins Geschehen. Sie
sehen alles durch die Augen deiner Charaktere, spüren ihre Emotionen
und erleben jede Entscheidung und Beziehung intensiver. Es verstärkt
Gefühle, verleiht den Erfahrungen der Persönlichkeiten Tiefe und macht
ihre Erlebnisse für die Leser:innen nachvollziehbar.

WAS IST DAS SETTING?

Die physische Kulisse, die Zeit und die Umwelt bilden den Rahmen, in dem sich die Handlung entfaltet:

○ **Die Zeit,**
die den historischen, gegenwärtigen oder futuristischen Rahmen absteckt.

○ **Den Ort,**
der von belebten Metropolen bis zu entlegenen, mystischen Landschaften reichen kann.

○ **Die Umwelt,**
die soziale Strukturen, Wetterbedingungen, Architektur und sogar vorherrschende Gefühle oder Stimmungen beschreibt.

Das Setting kann **real oder fiktiv** sein, von einer bekannten Realität bis hin zu vollständig ausgedachten Universen. Beide haben aber eines gemeinsam: Sie müssen in jedem Fall reich an Details und stimmig sein, um glaubwürdig und ansprechend zu wirken. Sehen wir doch gleich einmal, wie das angestellt wird:

○ **Der Ton macht die Musik:**
Die Umgebung kann Gefühle hervorrufen und die emotionale Landschaft der Story prägen. Ein düsterer, nebliger Wald bei Vollmond? Das sorgt garantiert für Gänsehaut. Hingegen eine sonnige, lebhafte Strandpromenade? Da kommt vielmehr Sommerflirt-Stimmung auf.

○ **Drama, Baby:**

Die Gegebenheiten eines Ortes können Konflikte erzeugen oder lösen und die Entscheidungen der Charaktere leiten. Ein hartes, lebensfeindliches Umfeld? Deine Figuren werden wahrscheinlich zäher sein müssen und schmerzhaftere Entschlüsse fassen. Ein Setting in einer Welt voller Magie? Erwarte Charaktere, die das Außergewöhnliche erleben und vielleicht selbst ein paar Tricks auf Lager haben.

○ **Charakterschmiede:**

Wie Menschen von ihrer Umgebung geprägt werden, so formt das Setting die Persönlichkeiten in deiner Story, verleiht ihnen Hintergrund und Komplexität. Ein Charakter, der in einer rauen, gnadenlosen Wüste aufwächst, entwickelt vielleicht eine Stärke und Widerstandsfähigkeit, die in einem geschützten, urbanen Umfeld so nie entstanden wäre. Die Umwelt, in der deine Figuren leben, beeinflusst ihre Wünsche, Ängste, Konflikte und Träume – sie ist der Schmied, der das rohe Eisen des Charakters formt.

○ **Be real:**

Ein authentisches Setting sorgt zudem dafür, dass die Handlungen der Charaktere glaubwürdig erscheinen. Wenn eine Figur durch einen dichten, gefährlichen Dschungel navigiert, dann erwarten wir, dass sie Fähigkeiten und Wissen einsetzt, die in dieser Umgebung Sinn machen. Das Setting zwingt deine Charaktere dazu, zu improvisieren, zu lernen und sich anzupassen – und genau das macht sie lebendig und real für deine Leser:innen.

Ein Setting, das durchdacht und **voller Details** ist, verleiht deinen Charakteren eine Bühne, auf der sie sich nicht nur zeigen, sondern auch entfalten können. Es ist wie ein unsichtbares Band, das Plot, Charaktere und Leser:innen zusammenhält und dein Buch zu einem echten Erlebnis macht.

TIPPS FÜR DEIN SETTING

Wie gibt man einer Szene die richtige Atmosphäre, ohne sich in endlosen Beschreibungen zu verlieren? Wie fängt man die Essenz eines Ortes ein, der nur in der Vorstellung existiert?

Keine Sorge, ich habe **fünf Top-Tipps** für dich, wie du deine Leser:innen auf jede Bühne setzen kannst – ganz ohne Reisebudget.

○ **Forschung ist der Schlüssel:**

Lass dich von existierenden Orten inspirieren. Selbst wenn deine Welt fiktiv ist, sorgen konkrete Bezüge dafür, dass deine Szenen darin authentisch und lebendig wirken.

Recherchiere vielseitig: Lies Bücher, sieh dir Dokumentationen an und durchstöbere das Internet. Oft sind es die kleinen Details, wie der raue Untergrund unter den Füßen oder das Stimmengewirr eines Marktplatzes, die dein Setting lebendig und greifbar machen.

○ **Fokus auf Schlüsseldetails:**

Wähle ein paar prägnante Details aus. Anstatt jeden Aspekt der Umgebung zu beschreiben, konzentriere dich auf die Elemente, die zur Stimmung beitragen oder für die Handlung relevant sind.

○ **Sinne ansprechen:**

Nutze alle fünf Sinne! Beschreibe, wie der Ort aussieht, klingt, riecht, sich anfühlt und sogar schmeckt. Knirscht der Boden unter den Füßen oder kitzelt die Sonne auf der Haut? Je mehr Sinne du ansprichst, desto besser.

○ **Emotionale Resonanz:**

Denke darüber nach, wie der Ort auf deine Charaktere wirkt – löst er Unbehagen, Nostalgie oder Ehrfurcht aus? Ihre Reaktion dient den Leser:innen als Wegweiser, um die Atmosphäre zu spüren.

○ **Dynamische Beschreibungen:**

Integriere die Erklärung des Settings in die Handlung, anstatt sie isoliert darzustellen. Zeige, wie die Charaktere mit ihrer Umgebung agieren – wie sie mit den Fingerspitzen über verwittertes Holz fahren, den Duft von Regen auf heißem Asphalt einatmen oder durch raschelndes Herbstlaub schreiten.

◇ **ÜBUNG: ORTSBESCHREIBUNG À LA SHERLOCK HOLMES.**

Wähle einen Ort, den du gut kennst oder leicht besuchen kannst. Notiere **mindestens 20 kleine Details** – Farben, Geräusche, Gerüche, Temperaturen, Texturen. Danach verfasse eine lebendige Beschreibung, die diese Einzelheiten zum Ausdruck bringt.

◇ **AUF GEHT'S IN DIE WELT DER FANTASIE**

Lass deine Fantasie Wirklichkeit werden und beschreibe sie mit all ihren farbenfrohen Details. Wie fühlt sich die Luft an – schwer und feucht oder kühl und klar? Welche Geräusche erfüllen die Straßen, Wälder oder Ozeane? Welche Farben dominieren die Landschaft? Gibt es leuchtende Metropolen, schwebende Inseln oder dichte, neblige Wälder? Wer lebt hier – Menschen, mystische Kreaturen oder Wesen, die du dir selbst ausgedacht hast? Beschreibe diesen Raum mit all seiner Vielfalt und Magie.

◇ **DAS SETTING-SKIZZENBUCH**

Notiere nun alle Schauplätze, die darin eine Rolle spielen (könnten) – sowohl die zentralen Orte (Hauptschauplätze) als auch jene, die nur am Rande erscheinen könnten (Nebenschauplätze).

◇ **HAUPTSCHAUPLÄTZE**

◇ NEBENSCHAUPLÄTZE

TIPP:

Sammle Bilder oder Skizzen, die die Essenz jedes Platzes einfangen, um deine Settings zu konkretisieren. Visuelle Referenzen machen es einfacher, die Kulisse lebendig und authentisch zu gestalten.

Für den Anfang reicht das erstmal. Wenn wir dann dein Setting bauen (siehe Abschnitt „**Baue dein Setting**") beschreiben wir alle Schauplätze genauer und überlegen uns auch, wie jeder Ort die Story vorantreibt. Ist er beispielsweise der Auslöser für Konflikte oder der Schlüssel zur Charakterentwicklung?

BAUE DEIN
SETTING

Beim Begriff „World-Building" denken viele sofort an epische Fantasy- oder Sci-Fi-Welten, die völlig anders sind als unsere eigene. Doch tatsächlich spielt die Erschaffung eines stimmigen Universums in jeder Geschichte eine zentrale Rolle – egal, ob deine Figuren durch fremde Galaxien reisen oder sich in einer Kleinstadt zurechtfinden. Entscheidend ist, wie sie mit ihrer Umgebung interagieren und wie diese ihre Handlung formt.

Ein besonders spannendes Konzept, das du bei der Planung deines Settings berücksichtigen kannst, ist der **Priorisierungsraum**. Das sind Orte mit festen Erwartungen und sozialen Regeln.

Beispiel:

Eine Bibliothek ist ein Raum, in dem Stille priorisiert wird. Wenn deine Charaktere beginnen, laut zu streiten, führt dies unweigerlich zu einem Bruch mit der sozialen Norm dieses Raumes – und dadurch zu einer spannenden Szene. Ähnliches gilt für eine Sauna: Hier ist Nacktheit die Norm. Würde ein Charakter in voller Kleidung dort erscheinen, wirkt dies ebenso seltsam und kann neugierig machen oder für Irritation sorgen. Dies eröffnet dir viele kreative Möglichkeiten, wie du dein Setting nutzen kannst, um Dramatik oder Spannung zu erzeugen.

Halte all diese Überlegung im Hinterkopf, wenn wir uns die Fragen für dein Setting ansehen. Falls eine nicht ganz auf deine Geschichte zutreffen sollte, passe sie an, nutze sie als Inspiration oder überspringe sie ganz einfach.

Name des Settings: ....

Rolle des Settings in der Story: ....

Epoche/Zeit: ....

224

Allgemeine Informationen

Standort:

Wo befindet sich deine Welt? Ist es eine Version der realen Erde oder etwas komplett Neues?

Klima:

Beschreibe das Klima. Wie stark variiert das Wetter über die Jahreszeiten?

Ökosystem:

Wie würde man das vorherrschende Ökosystem deines Settings beschreiben? Ist es ein Wald, eine Wüste, ein Ozean, eine Stadt oder etwas ganz anderes?

Flora:

Welche einzigartigen oder auffälligen Pflanzen wachsen in deinem Setting? Haben sie besondere Eigenschaften?

Fauna:

Welche Tiere sind typisch für das Ökosystem deines Settings? Gibt es seltene oder einzigartige Tiere? Haben sie eine symbolische Bedeutung?

Bewohner:

Wie vielfältig ist die Bevölkerung? Gibt es eine soziale Hierarchie? Werden bestimmte Gruppen diskriminiert?

Politik:

Wie sieht das politische System aus? Ist es eine Demokratie, Autoritarismus oder ein Militärregime?
Wer sind die aktuellen Führer?

Technologie:

Welche Arten von Technologien stehen deinen Charakteren zur Verfügung? Mit welchen Tools kommunizieren sie?

Ökonomie:

Welche Art von Wirtschaft hat deine Welt? Wächst oder schrumpft sie?

Bildung:

Wie sieht das Bildungssystem an diesem Ort aus? Haben deine Hauptcharaktere eine typische Ausbildung erhalten?

Hintergrund

Geschichte:

Welche Schlüsselereignisse haben die Story und Entwicklung deines Settings geformt?

Kultur:

Welche Traditionen, Feiertage oder Festivals sind wichtig und warum? Wie begehen deine Charaktere diesen?

Sprachen:

Welche Dialekte werden hier häufig benützt? Wenn dein Schauplatz mehrsprachig ist, ist eine davon dominant?

Religion:

Welche Rolle spielt Religion in der lokalen Kultur? Werden hier viele Glaubensrichtungen praktiziert oder nur eine/einige wenige?

Kulinarik:

Was sind einige der Hauptgerichte, die die Einwohner essen?

Architektur:

Welche architektonischen Stile dominieren dein Setting und warum?

Wahrzeichen:

Welche natürlichen oder von Menschen geschaffenen Wahrzeichen dominieren das Landschaftsbild deines Settings?

Atmosphäre:

Welche Stimmung herrscht vorrangig in deinem Setting und durch welche Elemente wird sie erzeugt?

Gefahren:

Mit welchen spezifischen Bedrohungen müssen sich die Bewohner deines Settings auseinandersetzen?

Andere Settings:

Wie interagiert dein Setting geografisch und kulturell mit benachbarten Kulissen?

Sinnesbeschreibungen

Sicht:

Gibt es Elemente oder Details, die sofort ins Auge fallen und für das Setting charakteristisch sind?

Geräusche:

Welche Laute prägen das gesamte Umfeld?

Gerüche:

Welche Düfte sind allgegenwärtig und charakteristisch für die Welt?

Geschmäcker:

Welche Aromen sind typisch für die Ernährung oder die Umwelt deines Settings?

Farben:

Welche visuellen Töne dominieren beim Erscheinungsbild deiner Kulisse?

Texturen:

Gibt es besondere Texturen, die für das tägliche Leben oder die Kultur deines Settings bedeutsam sind?

Szenenspezifische Angaben

Handlung:

Wie verändert oder beeinflusst das Setting die Richtung der Handlung?

Szene:

Welche Traditionen, Feiertage oder Festivals sind wichtig und warum? Wie begehen deine Charaktere diese?

Charaktere:

Welche Akteure spielen in der spezifischen Szene eine Rolle und warum?

Stimmung:

Welche Atmosphäre herrscht in der Szene und wie wird sie durch das Setting verstärkt oder verändert?

Zeit:

In welcher Epoche und zu welcher Tages- oder Nachtzeit findet die Szene statt? Wie beeinflusst dies das Setting?

Temperatur:

Welcher Wärmegrad herrscht während der Szene und wie beeinflusst dieser die Charaktere oder die Handlung?

Wetter:

Wie wirkt sich das Wetter in der Szene auf das Setting und die Charaktere aus?

Jahreszeit:

Welche Jahreszeit ist es und wie spiegelt sich diese in den Beschreibungen des Settings wider?

Sicht:

Was können die Charaktere sehen und wie trägt dies zur Atmosphäre der Szene bei?

Geräusche:

Welche akustischen Merkmale prägen die Kulisse der Szene?

Gerüche:

Welche olfaktorischen Besonderheiten sind in der Szene präsent und was verraten sie über das Setting?

Geschmäcker:

Gibt es Geschmäcker, die für die Szene oder das Setting charakteristisch sind?

Farben:

Welche Farben dominieren die Szene und was bedeuten sie für die Stimmung oder Symbolik?

Texturen:

Wie werden Texturen beschrieben, um das physische Gefühl des Settings zu vermitteln?

Unbekannte Welten

Wenn du eine Fantasy- oder Science-Fiction-Geschichte entwickelst, können dir die folgenden Fragen helfen, deine Welt weiter auszubauen. Auch hier wieder: Sollte irgendeine davon nicht stimmig erscheinen, zögere nicht, sie so anzupassen, sodass sie dir helfen, das Setting (Zeit, Ort, Kultur, Umgebung) deiner Story zu erkunden.

Wie lange existiert deine Welt schon?

Wie ist sie entstanden?

Haben die Menschen, die diese Welt/Kultur bewohnen, einen Schöpfungsmythos oder eine wissenschaftliche Erklärung für ihre Entstehung?

Wie sieht deine Welt aus?

Skizziere sie hier grob.

Wie sind die Entfernungen zwischen wichtigen Orten in deinem Universum?

Zeichne eine Karte, wenn du möchtest!

Sind die Gesetze der Natur und Physik dieselben wie auf unserer Erde?

Beschreibe die Jahreszeiten in deinem Kosmos:

Welche Details aus realen Orten, die deiner Welt ähneln, kannst du verwenden, um sie glaubhafter zu machen?

Denk an Sehenswürdigkeiten, Geräusche, Geschmäcker, Gerüche oder Texturen.

Befindet sich deine Schöpfung im Frieden oder im Konflikt mit benachbarten Welten/Kulturen?

Woher kommt das Essen in deiner Sphäre und wie wird es zubereitet?

Was sind die Grenzen der Macht, Energie oder Magie in deiner Welt/Kultur?

Welche Arten von Gegenständen oder Ideen sind den Menschen deiner Welt/Kultur vertraut?

Welche Arten von Gegenständen oder Ideen sind ihnen fremd oder ausgefallen?

Die Antworten darauf können je nach Kultur, aus der deine verschiedenen Charaktere (und Leser:innen) stammen, variieren! Was dir oder deinem Hauptcharakter vertraut ist, könnte für jemand anderen völlig unbekannt sein.

Wie fühlt sich deine Hauptfigur in Bezug auf die Umgebung/Zivilisation, in der sie aufgewachsen ist?

Interagiert deine Hauptfigur meist mit Menschen, die ihre Erfahrungen, Weltanschauungen und Erziehung teilen, oder vernetzt sie sich meist mit Menschen aus sehr unterschiedlichen Kulturen und Lebenserfahrungen? Welche Ähnlichkeiten oder Unterschiede gibt es?

DO'S & DON'TS

Was du bei der Gestaltung des Settings unbedingt tun solltest:

✓ Nutze das Setting als Spiegel für größere Themen oder die innere Verfassung deiner Figuren – das verleiht deiner Story mehr Tiefe.

✓ Verwende bildhafte Sprache, um die Einzigartigkeit des Ortes hervorzuheben. Metaphern und Vergleiche können helfen, die Atmosphäre zu verdichten und die Vorstellungskraft der Leser:innen zu stimulieren.

✓ Berücksichtige soziale, kulturelle und historische Aspekte, die das Verhalten deiner Rollen und die Ereignisse der Handlung beeinflussen.

✓ Sei flexibel – passe dein Setting an, wenn es der Entwicklung der Geschichte dient. Eine lebendige Welt wächst mit der Handlung und verstärkt ihre Wirkung.

Was du nicht tun solltest:

✗ Unterschätze nicht die Bedeutung des Settings.

✗ Verliere dich nicht in langwierigen, irrelevanten Details, die die Handlung verlangsamen und das Interesse der Leser:innen mindern können.

✗ Vermeide überstrapazierte oder klischeehafte Darstellungen von Orten und Kulturen, die oberflächlich oder ungenau sein können.

✗ Achte auf eine konsistente Schilderung des Settings. Widersprüchliche Details können die Glaubwürdigkeit der Welt, die du erschaffst, untergraben.

✗ Vermeide es, das Setting lediglich als Hintergrund zu behandeln, ohne es in die Geschichte und die Entwicklung der Charaktere einzubeziehen.

TOOLS

Bei der Erstellung eines Settings können verschiedene Tools helfen, die Welt deiner Story lebendig und detailliert zu gestalten. Hier habe ich einige nützliche Werkzeuge und Ressourcen für dich zusammengestellt: (Stand: 31. März 2025)

○ **Google Earth und Google Maps:**
Perfekt, um reale Schauplätze zu erforschen oder um Inspiration für geografische Details zu sammeln. Mit der Google Street View kannst du Straßen, Gebäude und Landschaften aus nächster Nähe betrachten und so deine Beschreibungen realistischer gestalten.
⊕ *https://maps.google.com.*

○ **Pinterest:**
Ideal, um Inspirationsboards zu erstellen. Du kannst Pinnwände für Charaktere, Orte, Kleidung und vieles mehr anlegen:
⊕ *https://pinterest.com* (Hinweis: Registrierung notwendig.)

○ **World Anvil:**
Eine Plattform, die speziell für das World-Building entwickelt wurde. Sie bietet Instrumente zur Erstellung detaillierter Weltkarten, zur Chronik historischer Ereignisse, zur Organisation von Charakterinformationen und vieles mehr. Für mich ist sie leider ein wenig zu kompliziert in der Handhabung, aber vielleicht ist es ja etwas für dich:
⊕ *https://worldanvil.com* (Hinweis: Registrierung notwendig.)

○ **Notebook.ai:**
Ein Online-Tool für das World-Building, das dir hilft, Charaktere, Orte und Gegenstände besser zu organisieren und zu entwickeln:
⊕ *https://notebook.ai* (Hinweis: Registrierung notwendig.)

○ **Bücher und Dokumentationen:**
Vergiss die altbewährten Quellen nicht! Bücher, historische Dokumentationen, Reiseberichte und wissenschaftliche Publikationen liefern wertvolle Einblicke in Kulturen, Epochen und Orte. Ein Abstecher in die Bibliothek kann wahre Schätze bergen!

CHATGPT & CO.
PROMPTS

Lass uns einmal sehen, wie ChatGPT dir bei der Gestaltung deines Settings helfen kann. Ich habe ein paar hilfreiche Prompts für dich, die dir jede Menge Inspiration liefern werden. Bereit, der Welt deiner Geschichte mehr Farbe zu verleihen?

IDEENENTWICKLUNG

ChatGPT Prompt-Tipp Nummer 1:

Erstelle eine detaillierte Beschreibung einer Welt, in der Magie durch Musik kontrolliert wird. Wie beeinflusst das die Gesellschaft, die Technologie und das tägliche Leben? Verleihe der Darstellung Tiefe, indem du spezifische Beispiele für Gesellschaftsstrukturen, Technologien und Alltagssituationen gibst.

ChatGPT Prompt-Tipp Nummer 2:

Erzähle mir von einer Welt, in der Technologie und Magie koexistieren. Wie sieht der Alltag aus?

DETAILREICHE BESCHREIBUNGEN

ChatGPT Prompt-Tipp Nummer 1:

Beschreibe eine lebendige Marktszene in einer mittelalterlichen Fantasy-Stadt, einschließlich Geräusche, Gerüche und Aktivitäten.

ChatGPT Prompt-Tipp Nummer 2:

Beschreibe die Aussicht, die [Protagonist:in] hat, wenn er oder sie aus dem Fenster seines oder ihres Wohnzimmers sieht.

ChatGPT Prompt-Tipp Nummer 3:

Die Charaktere [Name 1] und [Name 2] machen einen Ausflug in die Berge. Beschreibe die Geräusche, den Geruch und alles, was die beiden sehen, so anschaulich wie möglich.

TIPP:

Passe bitte unbedingt diese Prompts an deine spezifischen Anwendungsfälle an.

KULTURELLE UND HISTORISCHE HINTERGRÜNDE

ChatGPT Prompt-Tipp:

Erstelle eine Story für eine Zivilisation, die in einer Wüstenwelt lebt, inklusive ihrer Traditionen und sozialen Strukturen.

CHARAKTER- UND PLOTINTEGRATION

ChatGPT Prompt-Tipp:

Wie könnte das raue Klima einer arktischen Welt die Überlebensstrategien und die Entwicklung der Charaktere beeinflussen?

PROBLEMBEHEBUNG

ChatGPT Prompt-Tipp:

Ich stecke fest beim Entwickeln eines Settings, in dem zwei rivalisierende Königreiche existieren. Hast du Vorschläge, wie ihre Konflikte das Land geformt haben könnten?

INSPIRATION UND RECHERCHE

ChatGPT Prompt-Tipp:

Gib mir Informationen über die Kultur und Architektur des antiken Roms, die ich als Inspiration für mein Fantasy-Setting verwenden könnte.

DIALOG UND INTERAKTION

ChatGPT Prompt-Tipp:

Erstelle einen Dialog zwischen zwei Charakteren, die sich zum ersten Mal in einer futuristischen Stadt begegnen, und zeige, wie sie auf ihre Umgebung reagieren.

Die Szene soll:

(1) Die futuristische Stadt durch den Dialog lebendig und atmosphärisch beschreiben.
(2) Die erste Begegnung der Charaktere spannend und glaubwürdig gestalten.
(3) Subtil auf mögliche Konflikte, Gemeinsamkeiten oder zukünftige Entwicklungen hinweisen.

Hier sind noch einige zusätzliche Details:

(1) Charakter A: [Beschreibung]
(2) Charakter B: [Beschreibung]
(3) Stadt: [Beschreibung]

FEEDBACK UND REVISION

ChatGPT Prompt-Tipp:

Gib mir bitte Feedback zu der folgenden Beschreibung eines Waldsettings:

[Szene]

(1) Bewerte die aktuellen Atmosphäre und Detailtiefe.
(2) Identifiziere Stellen, die ausgebaut oder präzisiert werden könnten.
(3) Schlage konkrete Ideen zur Ergänzung oder Umformulierung vor, um das Setting eindringlicher zu machen.

Wrap-up.

Ein Setting ist mehr als nur ein Hintergrund. Es ist eine lebendige Welt, die die Entscheidungen und Entwicklungen der Charaktere beeinflusst. Authentizität entsteht durch **sorgfältige Recherche** und die Berücksichtigung aller Sinne, wodurch Leser:innen die Welt durch die Augen der Persönlichkeiten erleben können.

Der Schlüssel liegt darin, den richtigen Grad an Detailtreue zu finden: Es ist reine Übungssache, die **Balance zwischen einer atmosphärischen Schilderung und überflüssigen Details** zu halten. Zu viele unwichtige Beschreibungen können den Lesefluss stören und die Spannung aus der Story nehmen. Mit Geduld und Feingefühl wirst du den optimalen Punkt treffen, der deine Erzählung lebendig, aber nicht überladen erscheinen lässt.

Tools wie Google Maps, World Anvil oder ChatGPT & Co. stehen bereit, um bei der Recherche, Ideenfindung und Beschreibung deines Settings zu unterstützen.

≫ Herzlichen Glückwunsch!

Du hast den ersten Teil des STORY**BOOK**s
erfolgreich durchgearbeitet.

Während dieser Leitfaden nun endet, beginnt
für dich die eigentliche Reise als Autor:in.
Jetzt ist es an der Zeit, all das Wissen, die
Methoden und die kreativen Impulse zu nutzen,
um deine Stories lebendig werden zu lassen
und die Welt mit deinen Worten zu bereichern.

Sei mutig in deinem Schreiben, sei ehrlich in
deinen Erzählungen und habe niemals Angst,
deine einzigartige Stimme zu teilen.

Ich freue mich jetzt schon auf dein Buch!
Deine Sabrina

storify.ing

BONUS-
MATERIAL

DIGITALE VORLAGEN

Viele der Übungen und Aufgaben aus dem STORY**BOOK** gibt es auch in digitaler Form.

Du kannst sie auf *https://storify.ing/storybook* finden. Das 🔓 Passwort ist: **Storybook.1719.**

Wenn du mobil arbeiten möchtest, scanne den **QR-Code** einfach mit deinem **Smartphone,** um direkt zur Webseite zu gelangen.

Falls Probleme beim Finden oder Herunterladen der Dateien auftreten, zögere bitte nicht, eine E-Mail an ✉ *sabrina@storify.ing* zu senden.

DAS KLEINE ABC DES BUCHSCHREIBENS

A

Antagonist:in

Eine Figur oder eine Kraft in der Story, die dem oder der Protagonist:in entgegenwirkt und Konflikte erzeugt.

Anthologie

Eine Sammlung von literarischen Werken (wie Gedichten oder Stories), die von verschiedenen Autor:innen stammen und meist um ein bestimmtes Thema oder Genre gruppiert sind.

Archetyp

Ein universelles, symbolisches Muster, das oft in der Literatur verwendet wird, um bestimmte Personen oder Persönlichkeitstypen darzustellen.

Autor:innensoftware

Spezielle Software, die Autor:innen dabei hilft, ihre Texte zu organisieren und zu bearbeiten; zum Beispiel Scrivener, Papyrus, Microsoft Word/GDoc, Patchwork.

Autor:innenvita

Lebenslauf eines Autors oder einer Autorin; umfasst beruflichen Werdegang und veröffentlichte Werke.

Auflage

Die Anzahl der Exemplare eines Buches, die in einem Drucklauf produziert werden.

Beta-Leser:in

Eine Person, die Feedback zu einem unveröffentlichten Manuskript gibt, um Schwächen in Handlung, Stil oder Charakteren zu identifizieren und so das Werk vor der Veröffentlichung zu verbessern.

Bibliografie

Eine Liste von Büchern und anderen schriftlichen Quellen, oft angeordnet nach bestimmten Kriterien und verwendet als Referenz.

Botschaft

Die zentrale Aussage oder Lehre, die der oder die Autor:in durch seine oder ihre Story vermitteln möchte. Sie kann explizit oder implizit sein und oft eine moralische, soziale oder philosophische Bedeutung haben.

Braindump

Eine Technik, bei der man alle Gedanken, Ideen oder Informationen ungefiltert und schnell zu Papier bringt oder niederschreibt, um den Kopf zu leeren und Klarheit zu schaffen.

Buchhandel

Branchenbegriff, der alle Aktivitäten und Unternehmen umfasst, die sich mit dem Verkauf von Büchern an Endkunden und Endkundinnen befassen.

Buchkritik

Eine Bewertung oder Analyse eines Buches, oft veröffentlicht in Zeitungen, Zeitschriften oder online, die die Stärken und Schwächen des Werkes diskutiert.

Buyer Persona

Fiktive Darstellung eines idealen Kunden oder einer idealen Kundin, die auf Marktforschung und Daten basiert. Sie umfasst demografische Details, Verhaltensweisen, Ziele und Herausforderungen, die bei der Entwicklung von Produkten, Dienstleistungen und Marketingstrategien berücksichtigt werden. Siehe auch "Leser:innenprofil".

Charakter

Eine Figur in einer Story, die durch ihre Persönlichkeit, Handlungen und Interaktionen mit anderen Charakteren definiert ist.

Charakterentwicklung

Der Prozess, durch den ein Charakter im Verlauf einer Story eine Veränderung oder ein Wachstum durchmacht.

Charakterbogen

Ein Hilfsmittel für Autor:innen, um wichtige Informationen und Eigenschaften über ihre Charaktere festzuhalten.

ChatGPT

Ein von OpenAI entwickeltes KI-gestütztes Sprachmodell, das darauf trainiert ist, auf textbasierte Anfragen mit menschenähnlichen Antworten zu reagieren.

Claude

Ein fortschrittliches KI-Sprachmodell, das von der Firma Anthropic entwickelt wurde. Ähnlich wie ChatGPT oder Gemini, erledigt Claude verschiedene Aufgaben der natürlichen Sprachverarbeitung. Claude legt besonderen Wert auf Sicherheit und ethische KI-Nutzung, um den Nutzer:innen eine sowohl leistungsstarke als auch verantwortungsvolle Interaktion zu ermöglichen.

Cliffhanger

Das spannende Ende eines Kapitels oder eines Buches, das den oder die Leser:in neugierig macht und zum Weiterlesen anregt.

Copyright

Ein im anglo-amerikanischen Raum angewendetes Recht, das dem oder der Urheber:in die Kontrolle über die Vervielfältigung, Verbreitung und Nutzung seines oder ihres Werkes gewährt.

Cover

Das Buchcover; die äußere Hülle eines Buches, die in der Regel Titel, Autor:in, eine grafische Gestaltung, den Verlag oder Herausgeber:in, ISBN-Nummer und -Code und eine Zusammenfassung der Story enthält.

Danksagung

Ein Abschnitt in Büchern, Forschungsarbeiten oder akademischen Arbeiten, in dem der oder die Autor:in seinen oder ihren Dank an Personen ausspricht, die ihn oder sie bei der Realisierung seines oder ihres Werks unterstützt haben.

Designing Principle

Zentrales Konzept oder die Grundidee, die den gesamten Aufbau und die Struktur eines literarischen Werks oder einer Geschichte bestimmt. Es legt fest, wie die Handlung, die Charaktere und das Thema miteinander verflochten sind, um eine kohärente Erzählung zu schaffen. Es ist die kreative Logik, die hinter der Gestaltung der Geschichte steht und die Entwicklung des Werkes lenkt.

Dialog

Ein Gespräch zwischen zwei oder mehr Charakteren in einer Story.

Dichtung

Ein literarischer Begriff, der oft synonym für Poesie verwendet wird.

Drei-Akt-Struktur

Narratives Rahmenwerk, das in vielen Filmen, Theaterstücken und literarischen Werken verwendet wird. Es teilt die Handlung in drei Phasen: Anfang (Situation, Erster Akt), Mitte (Konflikt, Zweiter Akt) und Ende (Auflösung, Dritter Akt).

E-Book

Elektronische Version eines Buches, die auf Computern, E-Readern, Tablets oder Smartphones gelesen werden kann und oft über Online-Plattformen vertrieben wird.

Edition

Eine spezifische Form oder Version eines Textes, die nach bestimmten Kriterien herausgegeben wurde.

Epilog

Ein Abschnitt am Ende eines Buches oder Dramas, der dazu dient, die Story abzuschließen oder Informationen über das weitere Schicksal der Charaktere zu geben.

Erster Entwurf

Die initiale Version eines Textes oder literarischen Werks, in dem der oder die Autor:in seine oder ihre Ideen und die grundlegende Struktur der Story zum ersten Mal festhält.

Erzählperspektive

Der Blickwinkel, aus dem die Story geschildert wird, zum Beispiel Ich-Perspektive, Du-Perspektive, Er/Sie-Perspektive.

Essay

Eine kurze literarische Komposition zu einem bestimmten Thema, die persönliche Argumentation, Beobachtung und Analyse betont.

Exposé

Eine kurze Zusammenfassung der Handlung und der Hauptfiguren eines literarischen Werkes; wird dafür verwendet, um sich mit dem Buch bei Verlagen oder Literaturagenturen zu bewerben.

Faksimile

Eine genaue Kopie oder Reproduktion eines alten Buches, Manuskripts oder anderen Dokuments, oft verwendet zur Bewahrung und Studie historischer Werke.

Figur - Siehe "Charakter".

Figurenentwicklung - Siehe "Charakterentwicklung".

Fiktion

Werke der Literatur, die ausgedachte Stories erzählen, im Gegensatz zu Sachbüchern, die reale Fakten und Informationen darstellen.

Fragment

Ein unvollendetes literarisches Werk oder ein Teil eines Textes, der als isoliertes Stück erhalten geblieben ist.

Freewriting

Schreibtechnik, bei der eine Person kontinuierlich für eine festgelegte Zeit schreibt, ohne sich um Grammatik, Rechtschreibung oder Thema zu kümmern.

Gemini

Googles KI-Tool und Sprachmodell, das auf fortschrittlicher künstlicher Intelligenz basiert. Es wird in verschiedenen Google-Produkten integriert, um Aufgaben wie Textgenerierung, Sprachverarbeitung und maschinelles Lernen zu unterstützen.

Genre

Bezeichnet die verschiedenen Kategorien und Unterkategorien von literarischen Werken, wie Roman, Lyrik, Drama, Science-Fiction, Fantasy et cetera.

Grafiknovelle (auch bekannt als Graphic Novel)

Eine Erzählform, die sowohl textliche als auch grafische Elemente (Zeichnungen) verwendet, um eine Geschichte zu erzählen.

Handlung

Der Ablauf der Ereignisse in einem literarischen Werk, der die Entwicklung von Konflikten, Zielen und Veränderungen der Charaktere umfasst. Sie bildet das Gerüst der Erzählung und führt durch eine Abfolge von Ereignissen zu einem Höhepunkt und einer Auflösung.

Hauptschauplätze

Zentrale Orte, an denen die wesentlichen Ereignisse einer Story stattfinden. Sie spielen eine wichtige Rolle für die Atmosphäre und den Kontext der Handlung und können sowohl reale als auch fiktive Orte sein, die die Handlung, die Charaktere und das Thema einer Erzählung beeinflussen.

Heldenreise

Ein Erzählmuster, das in vielen Geschichten verwendet wird, bei dem ein oder eine Protagonist:in auf eine abenteuerliche Reise geht, Prüfungen überwindet, sich weiterentwickelt und schließlich als veränderte:r Held:in zurückkehrt. Es besteht aus mehreren Phasen wie dem Ruf zum Abenteuer, der Begegnung mit Mentor:innen, Herausforderungen, dem Höhepunkt und der Rückkehr mit gewonnenem Wissen oder einer besonderen Gabe.

Impressum

Ein rechtlich vorgeschriebener Abschnitt in Publikationen wie Büchern, Zeitungen und auf Websites, der Informationen über den oder die Herausgeber:in, den Verlag oder den oder die Autor:in enthält. Es dient dazu, die Verantwortlichkeit für den Inhalt zu klären und Kontaktinformationen bereitzustellen.

ISBN

Eine eindeutige Nummer, die weltweit zur Identifikation von Büchern und anderen publizierten Medien verwendet wird.

Jugendliteratur

Bücher und Geschichten, die speziell für Jugendliche geschrieben wurden und Themen wie Identität, Freundschaft, Liebe und das Erwachsenwerden behandeln. Diese Literatur richtet sich an Leser:innen im Teenageralter und zielt darauf ab, unterhaltsam zu sein, aber auch relevante Lebensfragen und soziale Themen anzusprechen.

Journal

Eine regelmäßige schriftliche Aufzeichnung von Gedanken, Beobachtungen oder Ereignissen, oft in Form eines Tagebuchs.

Kapitel

Eine Unterteilung eines Buches in Abschnitte, die in der Regel thematisch oder narrativ organisiert sind.

Klappentext

Kurzer Werbetext auf der Rückseite oder der Umschlagklappe eines Buches, der die Handlung zusammenfasst und zum Kauf anregen soll.

Klischee

Eine übermäßig gebrauchte Phrase oder Idee, die durch ihre häufige Verwendung an Wirkung verloren hat und oft als Zeichen mangelnder Originalität betrachtet wird.

Konflikt

Ein wesentliches Element einer Story, das auf einer Opposition oder einem Problem basiert, das die Charaktere lösen müssen.

Korrektorat

Die Überprüfung eines Textes auf Rechtschreibung, Grammatik, Zeichensetzung sowie Vollständigkeit und Einheitlichkeit der Zitate, Abkürzungen und Typografie.

Lektorat

Die Bearbeitung eines Manuskripts zusätzlich zum Korrektorat hinsichtlich Sprache, Stil, Inhalt und Struktur.

Leseprobe

Ein Auszug aus einem Manuskript, der im Rahmen des Exposés zur Verfügung gestellt wird, um Interesse an dem vollständigen Werk zu wecken.

Leser:innenprofil

Beschreibt die Zielgruppe, an die ein Buch gerichtet ist. Es enthält demographische und psychografische Merkmale. Siehe auch „Buyer Persona".

Literaturagentur

Eine Firma oder Person, die Autor:innen vertritt und deren Werke an Verlage vermitteln.

Manuskript

Die Erstellung eines Buchentwurfs, welcher in späterer Folge noch hinsichtlich Sprache, Stil, Inhalt und Struktur bearbeitet wird.

Metapher

Eine Form der bildhaften Sprache, bei der ein Begriff oder eine Vorstellung durch einen anderen ausgedrückt wird, um eine Analogie oder einen direkten Vergleich zu schaffen, ohne *„wie"* zu verwenden.

Nachwort

Ein abschließender Textteil in einem Buch, der Reflexionen zur Entstehung des Werkes, dessen Interpretation oder historischen Kontext liefert. Er ist oft vom oder von der Autor:in oder Herausgeber:in verfasst.

Narrativ

Die Erzählstruktur oder die Art und Weise, wie eine Story erzählt wird, einschließlich der Auswahl des oder der Erzähler:in, der Perspektive und der zeitlichen Abfolge der Ereignisse.

National Novel Writing Month (NaNoWriMo)

Eine jährliche, weltweite Herausforderung, die Schriftsteller:innen dazu motiviert, innerhalb des Monats November einen Roman von mindestens 50.000 Wörtern zu schreiben.

Nebencharakter

Figur in einem literarischen Werk, die nicht zum Hauptensemble der Protagonist:innen gehört, aber dennoch eine wichtige Rolle in der Handlung spielt.

Non-Fiction (Sachbuch)

Ein Genre der Literatur, das auf Fakten und der realen Welt basiert, im Gegensatz zu Fiktion, die erfundene Stories erzählt.

Normseite

Ein standardisiertes Format für Manuskripte, das in der Regel 30 Zeilen à 60 Anschläge umfasst; zur Qualifikation des Umfangs eines Textes.

Novelle

Eine literarische Form, die länger als eine Kurzgeschichte, aber kürzer als ein Roman ist, und oft eine straffe und fokussierte Handlung hat.

Offenes Ende

Erzähltechnik in der Literatur, bei der die Handlung eines Romans, einer Kurzgeschichte, eines Films oder eines Spiels ohne klare Auflösung oder endgültige Klärung der Hauptkonflikte endet.

Oktalogie

Eine Serie von acht zusammenhängenden Werken, die eine fortlaufende Geschichte erzählen oder thematisch miteinander verbunden sind.

Opus

Ein künstlerisches oder literarisches Werk, oft in Bezug auf Musik oder größere Sammlungen von Werken. In der Literatur wird es verwendet, um ein bedeutendes oder umfangreiches Werk eines oder einer Autor:in zu beschreiben.

Outline

Ein Entwurf oder eine Gliederung eines literarischen Werks, in dem die Hauptpunkte der Handlung und die Entwicklung der Charaktere skizziert werden.

Oxymoron

Ein Wort oder eine Formulierung, die aus zwei gegensätzlichen oder sich sogar widersprechenden Teilen besteht, zum Beispiel Hassliebe, bittersüß.

Pitch

Eine kurze und prägnante Präsentation eines Buchprojekts, die darauf abzielt, das Interesse eines Verlags oder einer Literaturagentur zu wecken.

Pantser

Bezeichnet einen Schreibstil, bei dem Autor:innen ohne detaillierten Plan schreiben, *„aus dem Bauch heraus"* (Englisch *„by the seat of the pants"*).

Plot

Abfolge der Ereignisse in einer Erzählung, die zusammen die Hauptstruktur der Geschichte bilden. Er umfasst die geplanten und kausal verknüpften Schritte, die die Charaktere durchlaufen, um Konflikte zu bewältigen und das narrative Ziel zu erreichen.

Plotlöcher

Logikfehler oder mangelnde Teile in der Handlung der Story.

Plotter

Ein oder eine Autor:in, der oder die den Verlauf einer Story im Voraus detailliert plant.

Plotting-Methoden

Verschiedene Ansätze und Techniken, die beim Entwerfen der Handlungsstruktur einer Geschichte verwendet werden, wie zum Beispiel die Drei-Akt-Struktur.

Prämisse

Eine grundlegende Aussage oder Idee, die die zentrale Handlung oder das zentrale Thema eines literarischen Werks, Films oder Spiels in einem Satz zusammenfasst.

Prolog

Einleitender Abschnitt in einem literarischen Werk, der oft Hintergrundinformationen zur Story bietet oder die Stimmung setzt, bevor die eigentliche Handlung beginnt.

Protagonist:in

Die Hauptfigur in einer Geschichte, um die sich die Hauptereignisse drehen.

Quelle

Der Ursprung oder die Grundlage von Informationen oder Ideen, auf die in einem literarischen Werk Bezug genommen oder aus denen geschöpft wird. Im Text wird sie als Fußnote und am Schluss im Quellenverzeichnis angegeben.

Querverweis

Hinweis in einem Text, der den oder die Leser:in auf eine andere Stelle innerhalb desselben Dokuments oder auf eine andere Quelle verweist.

Recherche

Der Prozess der gezielten Informationssuche und -sammlung, um Fakten, Daten oder Hintergründe zu einem bestimmten Thema zu finden.

Rezension

Bewertung beziehungsweise eine Review eines Buches. Diese kann unter anderem in Online Shops, oder auch speziellen Rezensionsportalen, wie Goodreads, hinterlegt werden.

Schreibblockade

Ein Zustand, in dem ein oder eine Autor:in Schwierigkeiten hat, mit dem Schreiben fortzufahren oder zu beginnen. Oft aufgrund von Selbstzweifel, mangelnder Inspiration oder anderen psychologischen Barrieren.

Show, don't tell

Eine Schreibtechnik, bei der die Handlung oder die Gefühle der Charaktere durch ihre Körpersprache und Dialoge gezeigt statt direkt erzählt werden.

Self-Publishing

Der Prozess, bei dem Autor:innen ihre Werke eigenständig veröffentlichen, ohne einen traditionellen Verlag zu nutzen.

Synopsis

Eine kurze Zusammenfassung der Hauptpunkte einer Geschichte, eines Buches oder eines Films, oft verwendet, um Redakteure oder Verlage zu interessieren.

Thematik

Die grundlegenden Themen und Fragen, die ein literarisches Werk behandelt und die oft tiefere Einblicke in die Botschaft des oder der Autor:in geben.

Thesaurus

Ein Nachschlagewerk, das Wörter und ihre Synonyme sowie verwandte Begriffe auflistet. Es wird verwendet, um alternative Ausdrücke zu finden, um Wiederholungen zu vermeiden und den Wortschatz zu erweitern.

Typografie

Die Gestaltung und Anordnung von Schrift in gedruckten oder digitalen Texten. Sie umfasst die Auswahl von Schriftarten, Schriftgrößen, Zeilenabständen und Layouts, um Lesbarkeit, Ästhetik und Wirkung eines Textes zu verbessern.

Unique Selling Proposition (USP)

Alleinstellungsmerkmal eines Buches, das sich von Konkurrenzangeboten abhebt, beispielsweise sein einzigartiger Inhalt, ein innovatives Format, zusätzliches Service (Podcasts, Newsletter o. Ä.) oder eine besondere Zielgruppenansprache.

Urheberrecht

Schutzrecht für den oder die Schöpfer:in eines geistigen Werks, wie eines Buches, Musikstücks oder Kunstwerks. Es entsteht automatisch mit der Schaffung des Werks und schützt sowohl die persönliche Verbindung des oder der Urheber:in zu seinem Werk (Urheberpersönlichkeitsrecht) als auch die wirtschaftlichen Verwertungsrechte.

Utopie

Die Darstellung einer idealen, perfekten Gesellschaft, in der soziale, politische und wirtschaftliche Probleme gelöst sind. Utopische Werke entwerfen oft eine Vision von einer besseren Zukunft oder einem idealisierten System, das als Gegenmodell zur Realität dient.

Verlag

Ein Unternehmen, das Bücher und andere Medien publiziert.

Verlagsvertretung

Person oder ein Unternehmen, das im Auftrag eines oder mehrerer Verlage agiert, um deren Bücher und Publikationen zu bewerben und Vertriebsvereinbarungen mit Buchhändlern, Bibliotheken und anderen Verkaufsstellen zu treffen.

Verzeichnis lieferbarer Bücher (VLB)

Umfassende Datenbank, die Informationen über alle Bücher enthält, die im deutschsprachigen Raum lieferbar sind.

Visualisierungstechniken

Methoden, mit denen abstrakte oder komplexe Ideen, Ziele oder Informationen visuell dargestellt werden, um sie besser zu verstehen und zu verinnerlichen. Beispiele sind Mindmaps, Storyboards, Visionboards, Flowcharts oder Sketchnotes.

VLB-TIX

Erweiterung des Verzeichnisses lieferbarer Bücher (VLB); ermöglicht es Verlagen, ihre Neuerscheinungen und das gesamte lieferbare Programm für Buchhändler:innen, Journalist:innen und andere Fachleute aus der Buchbranche digital zu präsentieren.

Widmung

Eine persönliche Nachricht des oder der Autor:in, die oft zu Beginn eines Buches zu finden ist und einer bestimmten Person oder einer Gruppe von Personen gewidmet ist.

Werkverzeichnis

Eine systematische und oft chronologisch geordnete Liste der veröffentlichten oder geschaffenen Werke eines oder einer Autor:in, Künstler:in oder Komponist:in.

Wendepunkt

Ein entscheidender Moment in der Handlung eines literarischen Werks, in dem sich die Richtung der Geschichte verändert. Er markiert oft den Höhepunkt eines Konflikts oder einer Krise und führt zu einer neuen Entwicklung oder Auflösung der Handlung. Wendepunkte sind Schlüsselmomente, die Spannung erzeugen und das Schicksal der Charaktere nachhaltig beeinflussen.

Xenolinguistik

Das Studium und die Erforschung hypothetischer oder fiktiver außerirdischer Sprachen, wie sie in der Science-Fiction-Literatur und -Filmen vorkommen. Bekannte Beispiele finden sich in Werken wie *„Star Trek"* oder *„Arrival"*.

Young Adult (YA)

Literaturgenre, das sich an jugendliche Leser:innen richtet und oft Themen wie Selbstfindung, erste Liebe und Herausforderungen des Erwachsenwerdens behandelt.

Zensur

Kontrolle und Einschränkung von Informationen, Ideen oder Kunstwerken durch staatliche, religiöse oder andere Institutionen. Sie wird angewendet, um Inhalte zu unterdrücken, die als gefährlich, unangemessen oder unerwünscht gelten. In der Literatur betrifft Zensur oft Bücher, die wegen politischer, moralischer oder sozialer Gründe verboten oder verändert werden, um bestimmte Sichtweisen zu unterdrücken oder zu kontrollieren.

Zitat

Ein direkter oder indirekter Auszug aus einem Text, der in einem anderen Kontext verwendet wird, um einen Punkt zu unterstreichen oder eine Diskussion zu stützen.

`GENRELISTE`

FIKTION

Literarische Werke, die aus erfundenen Geschichten, Charakteren und Ereignissen bestehen. Ziel der Fiktion ist es, durch kreative Erzählung zu unterhalten, zu inspirieren oder tiefere Wahrheiten über das menschliche Dasein zu vermitteln.

○ **ROMAN**

- **Abenteuerroman:** Charakterisiert durch spannende und risikoreiche Unternehmungen der Protagonist:innen. *Beispiel: „Die Schatzinsel"* von Robert Louis Stevenson.

- **Fantasy:** Die Story spielt nicht in unserer Realität – darin sind magische, mythische oder übernatürliche Elemente in einer oft mittelalterlich inspirierten Welt zu finden. Dieses Genre weist eine eigene Logik auf, die von den Leser:innen akzeptiert wird. Meist kämpft der oder die Protagonist:in mit oder gegen fantastische Figuren oder Tiere. Am Ende siegt das Gute über dem Bösen, wenngleich währenddessen einige Verluste und Tote zu beklagen sind. *Beispiel: „Der Herr der Ringe"* von J.R.R. Tolkien.

- **Gesellschaftsroman:** Untersucht die sozialen Strukturen, Klassen, Werte und Beziehungen einer bestimmten Gesellschaft oder Epoche. Das Hauptaugenmerk liegt nicht auf dem oder der Protagonist:in und den Geschehnissen, die ihm oder ihr widerfahren, sondern auf dem Setting: Die gesellschaftlichen Umbrüche bilden den roten Faden der Story. *Beispiel: „Oliver Twist"* von Charles Dickens.

- **Historischer Roman:** Sie spielen in einer historisch nachvollziehbaren Vergangenheit und beziehen oft reale historische Ereignisse und Personen mit ein. *Beispiel: „Die Säulen der Erde"* von Ken Follett.

- **Horror:** Entworfen, um Angst, Schrecken und Entsetzen hervorzurufen, oft durch übernatürliche Elemente, Gewalt und Blut. Es herrscht eine beklemmende Atmosphäre und das Böse überlebt meistens. *Beispiel: „Dracula"* von Bram Stoker.

- **Kriminalroman:** Fokussiert auf Verbrechen, deren Aufklärung und meist auch deren Ausführung, mit zentralen Figuren wie Detektiven oder Polizisten. Es dreht sich um drei Hauptpersonen: Opfer, Täter und Ermittler und kennzeichnet sich durch falsche Fährten, versteckte Hinweise, glaubwürdige Motive und analytische Erzählweise. *Beispiel: „Sherlock Holmes"* von Arthur Conan Doyle.

- **Liebesroman:** Zentriert um romantische Beziehungen zwischen Charakteren, mit einem emotional befriedigenden Ende. Zufall, Schicksal und Sehnsucht spielen hier eine große Rolle. Die Liebenden sollten zumindest kurz zueinander finden. *Beispiel: „Stolz und Vorurteil"* von Jane Austen.

- **Liebeskomödie:** Kombiniert romantische Beziehungen mit humorvollen Elementen. Es stellt die romantischen Missverständnisse, Komplikationen und Herausforderungen der Charaktere auf unterhaltsame und oft leicht zugängliche Weise dar. Typisch für dieses Genre sind Missgeschicke, charmante Dialoge und ein positives, oft glückliches Ende. *Beispiel: „Männer in Serie"* von Henriette Kuhrt.

- **Mystery:** Fokussiert auf das Geheimnisvolle und Unerklärliche, häufig mit Rätseln oder ungelösten Fragen. *Beispiel: „Das Geheimnis der Schnallenschuhe"* von Agatha Christie.

- **Science-Fiction:** Beinhaltet Themen wie zukünftige Technologien oder außerirdisches Leben – physikalische Gesetze werden in diesen Welten geändert, wodurch typische Themen wie Zeitreisen, wissenschaftliche Experimente, Roboter, Weltraumfahrten möglich werden. *Beispiel: „Dune"* von Frank Herbert.

- **(Psycho-)Thriller:** Spannungsgeladene Stories, die die Nerven der Leser:innen mit intensiven Konflikten und unvorhersehbaren Wendungen strapazieren. Hier werden mit den Urängsten gespielt und die Technik *„Show, don't tell!"* findet Verwendung. *Beispiel: „Das Schweigen der Lämmer"* von Thomas Harris.

○ **KURZGESCHICHTE**

Eine knappe Erzählform, die oft nur wenige Charaktere und eine einzelne Handlung umfasst. *Beispiel: „Die Verwandlung"* von Franz Kafka.

NOVELLE

Länger als eine Kurzgeschichte, aber kürzer als ein Roman, fokussiert auf einen zentralen Konflikt. *Beispiel: „Der Tod in Venedig"* von Thomas Mann.

FABEL

Eine kurze Erzählung, die eine moralische Lektion vermittelt, manchmal mit Tieren als handelnde Personen. *Beispiel: „Die Stadtmaus und die Landmaus"* von Aesop.

MÄRCHEN

Erzählungen mit magischen und fantastischen Elementen, die universelle Themen und Moralen behandeln. *Beispiel: „Aschenputtel"* von den Brüdern Grimm.

PARABEL

Eine einfache Story, die eine moralische oder philosophische Lektion vermittelt. *Beispiel: „Das Gleichnis vom verlorenen Sohn"* aus der Bibel.

GROTESKE

Erzählungen, die das Absurde, oft Schaurige und Lächerliche vermischen, um Gesellschaftskritik zu üben. *Beispiel: „Der Prozess"* von Franz Kafka.

NON-FICTION/NICHT-FIKTIONALE LITERATUR

Literarische Werke, die auf realen Ereignissen, Fakten und Informationen basieren. Sie zielen darauf ab, Wissen zu vermitteln, zu dokumentieren oder zu analysieren.

SACHBUCH

- **Dokumentationen:** Umfassen ein bestimmtes Thema oder Ereignis, mit dem Ziel der Aufklärung oder Informationsvermittlung. *Beispiel: „Die Unbewohnbare Erde"* von David Wallace-Wells.
- **Wissenschaftliche Literatur:** Werke, die sich auf die Darstellung und Analyse von wissenschaftlichen Erkenntnissen konzentrieren. *Beispiel: „Eine kurze Geschichte der Zeit"* von Stephen Hawking.

FACHBUCH

- **Wissenschaftliches Fachbuch:** Werke, die sich mit grundlegenden Fragen des Seins, des Wissens, der Werte und der Vernunft befassen. Die Zielgruppe sind Fachleute und Wissenschaftler:innen. *Beispiel: „Kritik der reinen Vernunft"* von Immanuel Kant.
- **Praxisorientiertes Fachbuch:** Literatur, die gesellschaftliche und kulturelle Strukturen analysiert und kritisiert, oft aus einer marxistischen Perspektive. *Beispiel: „Dialektik der Aufklärung"* von Max Horkheimer und Theodor W. Adorno.
- **Handbuch:** Nachschlagewerk, das detaillierte Informationen und Anleitungen zu einem spezifischen Fachgebiet geben, oft in kompakter Form für den praktischen Gebrauch. *Beispiel: „Oxford Handbook of Clinical Medicine"* von Ian B. Wilkinson, Tim Raine, Kate Wiles, Peter Hateley, Dearbhla Kelly und Ian McGurgan.
- **Lehrbuch:** Umfassendes Werk, das grundlegende und fortgeschrittene Themen eines Studienfachs systematisch behandelt und für den Einsatz in Bildungseinrichtungen konzipiert ist. *Beispiel: „Physik"* von Demtröder – ein Standardlehrbuch für Physikstudenten an Universitäten und Hochschulen.

BIOGRAFIEN

- **Autobiografie:** Die Lebensgeschichte einer realen Person, geschrieben von dieser Person selbst. *Beispiel: „Ich bin Malala"* von Malala Yousafzai.
- **Biografie:** Die Lebensgeschichte einer realen Person, geschrieben von jemand anderem. *Beispiel: „Steve Jobs"* von Walter Isaacson.
- **Memoire**: Eine autobiografische Erzählung, in der der oder die Autor:in persönliche Erinnerungen und Erfahrungen schildert, oft mit einem besonderen Fokus auf spezifische Ereignisse oder Themen seines oder ihres Lebens. *Beispiel: „Beim Häuten der Zwiebel"* von Günter Grass.

RATGEBER

- **Selbsthilfe:** Konzentriert sich darauf, den Leser:innen praktische Ratschläge und Strategien zur Verbesserung ihres Lebens zu bieten. Themen wie persönliche Entwicklung, (emotionale) Gesundheit und Wellness, Stressbewältigung, Karriere, Finanzen und

Beziehungen werden in Selbsthilfebüchern behandelt. *Beispiel: „Darm mit Charme"* von Giulia Enders.

- **Reiseliteratur:** Berichte und Erzählungen über Reisen, die Einblicke in andere Kulturen und Orte bieten. *Beispiel: „In Patagonien"* von Bruce Chatwin.

- **Kochbuch:** Sammlung von Rezepten und manchmal auch kulinarischen Techniken, die dem oder der Leser:in Anleitungen zum Zubereiten von Speisen bietet, ergänzt durch Tipps und Hintergrundinformationen zur Küche oder Zutaten. *Beispiel: „Die neue Küche"* von Tim Mälzer.

○ ESSAY

Kürzere, persönliche oder analytische Abhandlungen über verschiedene Themen, die häufig in Sammlungen veröffentlicht werden. *Beispiel: „Walden"* von Henry David Thoreau.

KINDER- UND JUGENDLITERATUR

Bücher und Geschichten, die speziell für junge Leser:innen geschrieben wurden und Themen, Sprache und Inhalte an die jeweilige Altersgruppe anpassen. Diese Werke zielen darauf ab, zu unterhalten, zu bilden und moralische sowie soziale Werte zu vermitteln.

○ KINDERLITERATUR

Die Kinderliteratur deckt eine Vielzahl von Unterkategorien ab, die auf verschiedene Altersgruppen und Interessen zugeschnitten sind. Hier sind einige der wichtigsten Unterkategorien:

- **Bilderbuch:** Diese Werke zeichnen sich durch zahlreiche Illustrationen und minimalen Text aus und richten sich an Kleinkinder und junge Leser:innen. *Beispiel: „Die kleine Raupe Nimmersatt"* von Eric Carle.

- **Erstlesebuch:** Dieses ist gekennzeichnet durch einfache Texte und große Schriftarten, geeignet für Kinder, die gerade erst mit dem Lesen beginnen. *Beispiel: „Die kleine Hexe"* von Otfried Preußler.

- **Märchen:** Geschichten mit fantastischen Elementen und oft einer moralischen Botschaft, die sowohl traditionell als auch modern sein können. *Beispiel: „Grimms Märchen"* von den Brüdern Grimm.

- **Kinderromane:** Längere Erzählungen für Grundschul-

kinder, die häufig komplexere Handlungen und Charakterentwicklungen bieten. *Beispiel: „Die unendliche Geschichte"* von Michael Ende.

- **Detektivgeschichten:** Bücher, in denen junge Detektive Rätsel und Geheimnisse lösen. *Beispiel: „Die drei ??? Kids"* von Ulf Blanck.

○ JUGENDLITERATUR

Auch die Jugendliteratur umfasst eine Vielzahl von Unterkategorien, die auf verschiedene Interessen abzielen. Sie kann jedes Genre bedienen. Hier werden daher nur einige Unterkategorien erwähnt:

- **Coming-of-Age:** Geschichten, die den Übergang des oder der Protagonist:in von der Kindheit oder Jugend ins Erwachsenenalter thematisieren. *Beispiel: „Der Fänger im Roggen"* von J.D. Salinger.

- **New Adult:** Erzählungen für junge Erwachsene ab etwa 18 Jahren, die sich mit den Herausforderungen des frühen Erwachsenenalters wie Schule, Karriere und Beziehungen befassen. *Beispiel: „After"* von Anna Todd.

- **Young Adult:** Dieses Genre richtet sich an Jugendliche und junge Erwachsene und behandelt Themen wie Selbstfindung, erste Liebe und die Herausforderungen des Erwachsenwerdens. *Beispiel: „Die Tribute von Panem"* von Suzanne Collins.

LYRIK & DRAMA

Literarische Gattungen, die sich durch poetische Sprache und dramatische Struktur auszeichnen und oft für künstlerische Darbietungen bestimmt sind.

○ LYRIK

- **Ballade:** Erzählt eine Geschichte durch ein mehrstrophiges Gedicht und vereint dabei lyrische, epische und dramatische Elemente. *Beispiel: „Der Erlkönig"* von Johann Wolfgang von Goethe.

- **Elegie:** Diese lyrische Dichtform vermittelt oft eine traurige oder melancholische Stimmung und befasst sich häufig mit Themen wie Verlust, Trauer oder Tod. *Beispiel: „Duineser Elegien"* von Rainer Maria Rilke.

- **Gedicht:** Ein poetischer Text, der Emotionen, Ideen und Erlebnisse durch Rhythmus und Klangmuster ausdrückt. *Beispiel: „Aschengewollte Schrift"* (Gedichteband) von Karl Jordak.

- **Haiku:** Als traditionelle japanische Gedichtform besteht das Haiku aus drei Zeilen mit einer festen Silbenstruktur: fünf Silben in der ersten Zeile, sieben in der zweiten und fünf in der dritten.

  Beispiel:

  Kraftort der Seele,

  alte Giganten aus Stein,

  rauben dir dein Herz.

  Sabrina Jordak, o. J.

- **Limerick:** Ein humorvolles, oft albernes Gedicht aus fünf Zeilen mit einem AABBA-Reimschema.

  Beispiel:

  Es war einmal ein Alter mit Bart

  Besorgt, was an Vögeln sich paart

  An Lerchen, Pirolen

  An Eulen und Dohlen: „Sie alle tun's in meinem Bart!"

  Limericks, ursprünglich von Edward Lear verfasst, wurde ins Deutsche übertragen (Michels, o. J.).

- **Ode:** Eine feierliche und oft erhabene Lyrikform, die ein bestimmtes Thema lobt oder betrachtet. *Beispiel: „Ode an die Freude"* von Friedrich Schiller.

- **Sonett:** Eine streng formale Gedichtform mit 14 Zeilen, die einem festen Reimschema folgt. *Beispiel: „Es ist alles eitel"* von Andreas Gryphius.

○ DRAMATIK

- **Ballett:** Eine kunstvolle, choreografierte Darbietung, die eine Geschichte durch Tanz und Musik vermittelt. *Beispiel: „Schwanensee"* von Pjotr Iljitsch Tschaikowski.

- **Komödie:** Ein humorvolles Drama, das oft gesellschaftliche Normen hinterfragt und meist mit einem glücklichen Ende schließt. *Beispiel: „Der eingebildete Kranke"* von Molière.

- **Musical:** Eine unterhaltsame Bühnenproduktion, die Gesang, Tanz und Dialoge miteinander verbindet. *Beispiel: „Les Misérables"* basierend auf dem Roman von Victor Hugo.

- **Oper:** Ein dramatisches Bühnenstück, bei dem die Dialoge durch Gesang ersetzt werden. *Beispiel: „Die Zauberflöte"* von Wolfgang Amadeus Mozart.

- **Schauspiel:** Eine umfassende Kategorie für Theaterstücke, die live vor Publikum aufgeführt werden. *Beispiel: „Faust"* von Johann Wolfgang von Goethe.

- **Tragödie:** Ein ernstes Drama, das oft katastrophale Ereignisse darstellt und normalerweise ein trauriges Ende hat. *Beispiel: „Hamlet"* von William Shakespeare.

SPEZIALFORMEN

Einzigartige und oft experimentelle literarische Werke, die traditionelle Genregrenzen überschreiten oder ungewöhnliche Erzähltechniken und Strukturen verwenden.

- **Chick-Lit:** Ein Genre, das auf humorvolle Weise das moderne Leben von Frauen in Bezug auf Beziehungen, Karriere und Selbstfindung beleuchtet. *Beispiel: „Bridget Jones – Schokolade zum Frühstück"* von Helen Fielding.

- **Cyberpunk**: Ein Subgenre der Science-Fiction, das sich auf High-Tech und niedrige Lebensstandards konzentriert, oft mit Themen rund um Künstliche Intelligenz und Kybernetik. *Beispiel: „Neuromancer"* von William Gibson.

- **Dystopie:** Ein Genre, das sich durch die Darstellung einer zukünftigen Gesellschaft auszeichnet, die oft unterdrückend und kontrollierend ist, als Warnung vor aktuellen gesellschaftlichen Entwicklungen. *Beispiel: „1984"* von George Orwell.

- **Graphic Novel:** Ein Comic im Buchformat, das sowohl einfache als auch komplexe Geschichten durch Kombination von Text und illustrierten Bildern erzählt. *Beispiel: „Watchmen"* von Alan Moore und Dave Gibbons.

- **Steampunk:** Ein Genre, das Technologie und ästhetische Designs inspiriert durch industrielle Dampfkraftmaschinen des 19. Jahrhunderts verwendet, oft in einem alternativen historischen Kontext. *Beispiel: „Leviathan"* von Scott Westerfeld.

- **Utopie:** Literarische Werke, die eine ideale oder nahezu perfekte Gesellschaft beschreiben, oft als Gegensatz zu dystopischen Welten. *Beispiel: „Utopia"* von Thomas Morus.

HILFREICHE LINKS UND TOOLS

(Stand: 31. März 2025)

○ IDEEN-GENERATOREN

◦ eBookBoss: Romanideen-Generator

Dieses Tool bietet dir bei jedem Klick sieben (willkürliche) Ideen für deinen Roman. Dabei können Aussagen, Memes, Sprüche, Orte, Tätigkeiten, Befindlichkeiten, Personen oder Fremdwörter enthalten sein.

Sprache:	Deutsch
Gerät:	Desktop
Kosten:	kostenlos
Link:	*https://ebookboss.de/ideengenerator*

◦ Plot-Generator: Story Ideas

Hier kannst du nicht nur Ideen generieren, sondern auch Szenen erstellen, Charaktere beschreiben und ihre Beziehungen definieren.

Sprache:	Englisch; kann aber zur Inspiration genutzt werden
Gerät:	Desktop
Kosten:	kostenlos
Link:	*https://plot-generator.org.uk/story-ideas*

○ BUCHTITEL-GENERATOR

Bist du auf der Suche nach einem kreativen und ansprechenden Titel für dein Buch? Versuche es doch einmal mit folgendem Programm:

◦ Reedsy Book Title Generator

Flexibler Titelgenerator, der auf Genre basiert. Du kannst aus einer Vielzahl von Genres wählen, und der Generator schlägt Titel vor, die zu deiner Buchkategorie passen.

Sprache:	Englisch; kann aber zur Inspiration genutzt werden
Gerät:	Desktop
Kosten:	kostenlos
Link:	*https://blog.reedsy.com/ book-title-generator*

○ SCHREIBFOKUS

Hier sind Apps, die dir dabei helfen, Ablenkungen durch das Blockieren störender Websites und Applikationen über alle Geräte hinweg zu minimieren.

◦ Freedom

Ziel:	Webseiten und Apps blockieren
Gerät:	Desktop App, Mobile App (Apple, Android)
Kosten:	kostenpflichtig (kostenlose Testversion)
Link:	*https://freedom.to*

◦ Forest App

Ziel:	Virtuellen Baum pflanzen, der nur durch Fokus wächst
Gerät:	Mobile App (Apple, Android)
Kosten:	kostenpflichtig
Link:	*https://forestapp.cc*

◦ Cold Turkey

Ziel:	Kompletter Ablenkungsschutz
Gerät:	Desktop App
Kosten:	Gratis- und Pro-Version „Writer Free" & „Writer Pro"
Link:	*https://focusmate.com*

◦ StayFocused

Ziel:	Limitiert die Zeit auf ablenkenden Webseiten durch Produktivitäts-Browsererweiterung für Google Chrome
Gerät:	Desktop (Chrome Web Store, Microsoft Edge Store)
Kosten:	Gratis- und Pro-Version „Writer Free" & „Writer Pro"
Link:	*https://stayfocusd.com*

○ KÜNSTLICHE INTELLIGENZ

◦ Claude

KI-Tool, das Benutzer:innen, auf einfache Weise Texte zu erstellen, zu verbessern und kreative Aufgaben zu lösen.

Sprache:	Auf vielen Sprachen verfügbar
Gerät:	Browser, Mobile App
Kosten:	Gratis- und kostenpflichtige Version
Link:	*https://claude.ai*

◦ DeepL

DeepL kann nicht nur Texte übersetzen, sondern auch Grammatik- und Rechtschreibfehler korrigieren, Sätze umformulieren, sprachliche Feinheiten ausdrücken und den richtigen Ton für deinen Text finden.

Sprache:	Auf vielen Sprachen verfügbar
Gerät:	Browser
Kosten:	Gratis- und kostenpflichtige Version
Link:	*https://deepl.com/write*

○ **Google Gemini**

Google Gemini ist ein KI-Tool von Google, das Textvorschläge, stilistische Verbesserungen und Inhaltsvorschläge bietet.

Sprache:	Auf vielen Sprachen verfügbar
Gerät:	Browser, Mobile App
Kosten:	Gratis- und kostenpflichtige Version
Link:	*https://gemini.google.com*

○ **HIX.ai**

Ein All-in-One-KI-Schreibassistent, der viele unterschiedliche Features für Autor:innen zur Verfügung stellt, wie zum Beispiel *„Book Title Generator"*, *„Book Slogan Generator"* oder *„AI Book Writer"*.

Sprache:	Auf vielen Sprachen verfügbar
Gerät:	Browser
Kosten:	kostenlos
Link:	*https://writer.hix.ai*

○ **Neuroflash**

Ein KI-Tool für die Texterstellung, das speziell für Marketing und kreatives Schreiben entwickelt wurde. Es unterstützt mehrere Sprachen und bietet hilfreiche Funktionen wie automatisierte Texterstellung, SEO-Optimierung und die Generierung von Ideen.

Sprache:	Auf vielen Sprachen verfügbar
Gerät:	Browser
Kosten:	Gratis- und kostenpflichtige Version
Link:	*https://neuroflash.com*

○ **ChatGPT**

ChatGPT ist eine fortschrittliche KI von OpenAI, die Texte und Bilder erstellt, verbessert und Fragen beantwortet.

Sprache:	Auf vielen Sprachen verfügbar
Gerät:	Browser, Mobile App
Kosten:	Gratis- und kostenpflichtige Versionen
Link:	*https://chatgpt.com*

○ **Sudowrite**

Sudowrite ist speziell für kreative Autor:innen konzipiert und bietet Funktionen wie Brainstorming, das Vorschlagen von Synonymen oder das Generieren von Beschreibungen. Die Oberfläche des Tools ist auf Englisch, aber du kannst ohne Probleme mit deinem deutschen Text darin arbeiten.

Sprache:	Auf vielen Sprachen verfügbar
Gerät:	Browser
Kosten:	Gratis- und kostenpflichtige Version
Link:	*https://sudowrite.com*

○ **ToolsAday**

ToolsAday unterstützt uns Autor:innen mit wertvollen Features wie *„Character Generator"*, *„Story Outline"*, *„Story Plot"* oder *„Dialogue Generator"*.

Sprache:	Auf vielen Sprachen verfügbar
Gerät:	Browser
Kosten:	Gratis- und kostenpflichtige Version
Link:	*https://toolsaday.com/writing*

○ **Writesonic**

Generierung von Marketinginhalten, Blogs und mehr. Es ist ein hilfreiches Tool für Autor:innen, die Inhalte schnell generieren und Ideen für ihre Schreibprojekte entwickeln möchten.

Sprache:	Auf vielen Sprachen verfügbar
Gerät:	Browser
Kosten:	Gratis- und kostenpflichtige Version
Link:	*https://writesonic.com*

HINWEIS:

Da sich die Künstliche Intelligenz ständig weiterentwickelt und Informationen schnell veralten können, besuche gerne meinen Autor:innen-Blog auf 🌐 *https://storify.ing*, wo ich regelmäßig die neuesten Updates und Tools für Autor:innen veröffentliche.

VEREINE, PLATTFORMEN & COMMUNITIES
FÜR AUTOR:INNEN

O **Autorinnen und Autoren der Schweiz**

Interessensvertretung für die Sprache, das literarische Schaffen und Übersetzen in allen Sprachregionen der Schweiz.

https://a-d-s.ch

O **Goodreads**

Dies ist eine Plattform, auf der Leser:innen Bücher entdecken, Rezensionen schreiben und persönliche Leselisten erstellen. Autor:innen können hier direkt mit ihrer Leserschaft interagieren, Feedback erhalten und durch Werbeaktionen wie Giveaways ihre Sichtbarkeit erhöhen.

https://goodreads.com

O **LovelyBooks**

Deutsche Plattform, die Autor:innen die Möglichkeit bietet, sich auszutauschen und wertvolles Feedback zu eigenen Werken zu erhalten.

https://lovelybooks.de

O **Deutsches Schriftstellerforum**

Offenes Forum für Schriftsteller:innen, Autor:innen und Literat:innen, Belletristik, Lyrik u. v. m.

https://dsfo.de

O **KrimiautorInnen**

Plattform der österreichischen Krimischriftstellerinnen und -schriftsteller.

https://krimiautoren.at

O **LiteraturForum**

Online-Forum für literarische Diskussionen, Rezensionen, Buchbesprechungen.

https://literaturforum.de

O **Montségur Autorenforum**

Deutschsprachiges Diskussionsforum für alle Belange, Fragen und Tipps von und für professionelle Autor:innen.

https://autorenforum.montsegur.de

O **Romane made in Austria**

Verein zur Förderung österreichischer Belletristik-Autor:innen.

https://romane-made-in-austria.at

O **Schreibnacht**

Deutschsprachige Community, die regelmäßige Online-Schreibtreffen organisiert und Unterstützung bietet.

https://schreibnacht.de

O **Schreibgruppen und Foren wie NaNoWriMo**

Orte, an denen du Unterstützung finden und dich mit anderen Schreibenden austauschen kannst.

https://nanowrimo.org

O **Tintentisch**

Initiative des Österreichischen Schriftsteller:innenverbands (ÖSV), um den literarischen Austausch zwischen jungen Autor:innen mit regelmäßigen Stammtische („Tintentische") und mehreren Lesungen pro Jahr zu fördern.

https://tintentisch.at

QUELLEN- UND LITERATURVERZEICHNIS

Aristoteles. (um 335 v. Chr.). Poetik.

Brody, J. (2018). Save the cat! Writes a novel (1. Edition). Ten Speed Press.

Bundesministerium der Justiz. (2024). Künstliche Intelligenz und Urheberrecht. https://bmj.de/SharedDocs/Downloads/DE/ Themen/Nav_Themen/240305_FAQ_KI_Urheberrecht.pdf

Campbell, J. (2012). The hero with a thousand faces (3. Edition). New World Library.

Dudenredaktion. (o. J.). „Outline" auf Duden. https://duden.de/ node/107067/revision/1296443

Dudenredaktion. (o. J.). „Plot" auf Duden. https://duden.de/ node/112504/revision/1362934

Elbow, P. (1998). Writing with Power. Oxford University Press.

Goldberg, N. (1986). Writing Down the Bones. Shambala Publications.

IGE. (2023). Künstliche Intelligenz: Können KI-Tools Urheberrecht verletzen? Abgerufen am 31. März 2025, von https://ige.ch/de/blog/blog-artikel/kuenstliche-intelligenz- koennen-ki-tools-urheberrecht-verletzen

Ingermanson, R. (2014). How to Write a Novel Using the Snowflake Method. CreateSpace Independent Publishing Platform.

Jonas, P. (2023). Schreib. Dein. Buch. Von der Ideenfindung bis zu Deinem persönlichen Bestseller. Konkrete Anleitungen, Übungen und alles, was du brauchst. BrainBook Verlag. McKee, R. (1998). Story: Substance, Structure, Style and the Principles of Screenwriting. Methuen Publishing Ltd.

Michels H. H. (o. J.). Englischsprachige Limericks (z.T. Klassiker) ins Deutsche übertragen. https://deutsche-limericks.de/ limericks/%C3%BCbertragungen-ins-deutsche

NaNoWriMo. (o. J.). Are you a Plotter, Pantser, or Plantser? Abgerufen am 31. März 2025, von https://uquiz.com/quiz/ B6aAyW/are-you-a-plotter-pantser-or-plantser

National Geographic Society (2023): Storytelling. https:// education.nationalgeographic.org/resource/storytelling-x Reedsy. (2023). 7 Types of Conflict in Literature: A Writer`s Guide. https://blog.reedsy.com/guide/conflict

Truby, J. (2007). The Anatomy of Story: 22 Steps to Becoming a Master Storyteller, Faber and Faber, Inc.

Wirtschaftskammer Österreich (2024). Rechtliche Rahmenbedingungen für KI. https://wko.at/digitalisierung/ rechtliche-rahmenbedingungen-fuer-ki

World Economic Forum. (2024). Stanford just released its annual AI index report. Here's what it reveals. https://weforum. org/agenda/2024/04/stanford-university-ai-index-report

Kritzelbox

BLEIBEN WIR IN KONTAKT!

Folge storify.ing auf

Instagram: @storify.ing

Threads: @storify.ing

Pinterest: @storifying

oder besuche mich auf

https://storify.ing

Bei Fragen oder Anregungen, kannst du mir jederzeit über ✉ *sabrina@storify.ing* schreiben.

Deine Sabrina

STORY**BOOK**

Der SCHREIB**BUDDY** für angehende Autor:innen

Kombiniere deine Kreativität mit bewährter Erzählstruktur und künstlicher Intelligenz.